社会网络视角下中国居民家庭金融行为对收入差距的影响研究

胡中立　著

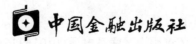

中国金融出版社

责任编辑：吕　楠
责任校对：孙　蕊
责任印制：丁淮宾

图书在版编目（CIP）数据

社会网络视角下中国居民家庭金融行为对收入差距的影响研究／胡中立
著 . —北京：中国金融出版社，2023.12
ISBN 978-7-5220-2252-9

Ⅰ.①社… Ⅱ.①胡… Ⅲ.①家庭—金融行为—影响—收入差距—研究
—中国 Ⅳ.①F832.4②F124.7

中国国家版本馆 CIP 数据核字（2023）第 240855 号

社会网络视角下中国居民家庭金融行为对收入差距的影响研究
SHEHUI WANGLUO SHIJIAO XIA ZHONGGUO JUMIN JIATING JINRONG XINGWEI DUI
SHOURU CHAJU DE YINGXIANG YANJIU

出版
发行　　中国金融出版社

社址　北京市丰台区益泽路 2 号
市场开发部　（010）66024766，63805472，63439533（传真）
网 上 书 店　www.cfph.cn
　　　　　　（010）66024766，63372837（传真）
读者服务部　（010）66070833，62568380
邮编　100071
经销　新华书店
印刷　北京九州迅驰传媒文化有限公司
尺寸　169 毫米×239 毫米
印张　13
字数　210 千
版次　2023 年 12 月第 1 版
印次　2023 年 12 月第 1 次印刷
定价　89.00 元
ISBN 978-7-5220-2252-9
如出现印装错误本社负责调换　联系电话(010)63263947

摘　要

改革开放以来，我国经济取得了举世瞩目的成就。习近平总书记在党的十九届五中全会上指出，我国发展不平衡不充分问题仍然突出，城乡区域发展和收入分配差距较大，成为我国经济持续健康发展所面临的重要挑战，并将显著缩小城乡区域收入和居民生活水平间的差距，作为到 2035 年要实现的远景目标之一。因此需从根源上探索导致收入差距不断扩大的原因以及相应的解决办法，而家庭是社会经济活动的细胞，将收入差距的研究落脚至家庭无疑具有重要价值。那么，随着居民家庭金融活动占比日趋增加，居民收入差距的不断扩大是否与家庭金融行为有关？如果有关，家庭金融行为如何影响居民收入差距？鉴于家庭金融行为也是一种社会行为，可以借助社会学的研究方法，即从社会网络视角分析家庭金融行为对收入差距的影响。因此，从家庭部门出发，基于社会网络视角分析中国居民家庭金融行为对收入差距的影响，不仅可以从理论层面探索影响收入差距的因素，丰富这一方向的理论基础；还能从微观家庭部门的视角分析导致收入差距扩大的原因，为我国收入差距扩大的现象提出新的解释，缓解我国经济的不平衡发展。

本书基于既有关于社会网络视角下家庭金融行为影响收入差距的相关文献，在明确主要研究对象的相关概念与指标衡量之后，回顾了社会网络视角下家庭金融行为影响收入差距的相关理论，以此为基础推导三者之间的作用机理并提出相应的理论猜想。进一步结合中国家庭金融调查数据，分别对我国社会网络、家庭金融行为与收入差距的事实进行描述，且对城乡家庭进行了对比分析，明确了我国家庭关于社会网络、资产与负债配置以及收入差距的现状与问题。最后基于中国家庭金融调查 2011 年、2013 年、2015 年和 2017 年四个年度的非平衡面板数据，运用面板回归、Probit 模型、Tobit 模型、两阶段最小二乘法等计量经济学方法，实证分析了社会网络视角下中国居民家庭金融行为对收入差距的影响。

　　本书经过论证得出以下结论：首先，社会网络对中国居民家庭金融行为存在显著的正向促进作用。一方面，社会网络能够正向影响家庭资产行为，表现为社会网络能够通过促进互动对家庭非金融资产决策行为产生正向影响，同时社会网络能够通过信息共享降低家庭对于风险的厌恶程度，进而提高其对于股票市场的参与度。另一方面，社会网络能够正向影响家庭的负债行为，表现为社会网络能够通过促使家庭之间出现攀比行为而增加对地位性商品的购买，从而提升其家庭负债水平，同时社会网络能够通过提供"隐性担保"从而促进家庭参与民间借贷行为。因此，结合我国家庭对于股票市场参与程度较低，以及农村家庭更倾向于借助民间借贷等非正规负债渠道满足其负债需求的现状，需充分发挥社会网络在信息共享、隐性担保、促进互动等方面的积极作用。一方面，政府部门要推动社会主义和谐社区的建设，并在社区内建立金融服务平台；另一方面，金融机构可以依托家庭社会网络渠道对其金融产品服务进行创新，具体可以创新金融产品营销模式以及开发具有网络特色的金融产品。

　　其次，家庭金融行为对收入差距具有正向影响，表现为城乡家庭金融行为差异（城市家庭的资产负债率小于农村家庭）是城乡居民收入差距的影响因素，并且城乡居民家庭金融行为差异的扩大会造成收入差距的扩大。因此，结合农村家庭的资产负债率高于城市家庭的现状，需改善城乡家庭金融行为差异，一方面要提高居民家庭金融资产管理能力，增加家庭财产性收入；另一方面则需加大农村金融发展力度，提高农村家庭投资收益。政策当局应完善农村信用体系，丰富农村金融产品类型；金融机构应降低农户理财门槛，为其投资提供便利；农村家庭要改变自身传统观念，积极参与金融市场。此外，政府部门应进一步对农村家庭的各项负债指标予以重点关注，警惕其过度负债。

最后，在社会网络的影响下，农村家庭与城市家庭资产负债率之间的差距，即城乡家庭金融行为的差异会进一步扩大，最终导致城乡家庭之间收入差距不断扩大。因此，结合农村家庭更加注重和依赖由此而建立的社会网络关系，以及家庭房产占比过高的现状，一方面家庭应对其所拥有的社会网络予以重视；农村家庭更需要提高网络异质性，提高有效信息的传递效率；另一方面要倡导理性消费，特别是对于房屋的购买，要尽量避免无效的地位寻求与攀比行为。此外，要进一步推动诚信文化与法制建设，从道德和法律两个层面合力保障家庭对于民间借贷的参与。

本书的创新性体现在以下三方面：第一，通过建立包含家庭非金融资产决策行为的社会交互基础模型，将家庭风险偏好纳入社会网络影响家庭股票市场参与的理论分析框架，构建家庭地位性商品购买指标，以及修正仅包含债务人一方的社会网络与信贷交易模型，从促进互动、信息共享、地位寻求和隐性担保的角度推导和检验了社会网络对家庭资产和负债行为的影响机理，揭示了社会网络对家庭金融行为的正向促进作用。

第二，通过构建家庭金融行为与城乡收入差距的两部门模型，并在实证检验中引入城乡居民家庭资产负债率指标，揭示了城乡居民家庭金融行为差异的扩大会导致其收入差距进一步扩大。

第三，通过分析社会网络视角下家庭金融行为对收入差距的影响机理，并运用调节效应的实证检验方法，揭示了社会网络会扩大城乡居民家庭金融行为间的差异，且这一作用会扩大城乡家庭金融行为差异对收入差距的正向影响。

目　录

第1章 绪 论

1.1 研究背景和意义

1.1.1 研究背景

改革开放以来，以经济建设为中心促使我国进入经济持续高速增长期。1978—2020 年，按不变价值计算，我国国内生产总值增长超过 30 倍，年平均增长率约 9.5%，远高于同期世界经济近 3% 的年平均增速，我国的经济规模也于 2010 年超越日本，成为世界第二大经济体。经济的高速增长带动了我国居民收入的不断上升，调整后的人均国民收入净额由 1978 年的 133 美元上升至 2019 年的 8393.7 美元，高于中等偏上收入国家的平均水平。

2017 年 10 月 18 日，中国共产党第十九次全国代表大会在北京召开，习近平总书记在报告中指出：“中国特色社会主义进入新时代，我国社会主要矛盾已经转化为人民日益增长的美好生活需要和不平衡不充分的发展之间的矛盾。”经济的增长与人民收入水平的提高为我国家庭树立了追求美好生活的信心，但我国社会发展的不平衡不充分在一定程度上阻碍了人民日益增长的美好生活需要。对此，习近平总书记于 2020 年 10 月 26 日在党的十九届五中全会上进一步指出：“我国发展不平衡不充分问题仍然突出，城乡区域发展和收入分配差距较大”；不仅如此，习近平总书记于 2021 年 8 月 17 日在中央财经委员会第十次会议上进一步强调了收入分配，提出要形成中间大、两头小的“橄榄型”收入分配结构。由此可以看出，城乡家庭收入差距依然较大是我国民生领域内发展不平衡不充分的主要问题，并且成为我国经济持续健康发展所面临的重要挑战。2000 年收入水平在前 20% 的城市家庭是后 20% 家庭的 3.6 倍，而在 2014 年已经扩大至 5.5 倍，15 年内城镇家庭之间的收入差距以每年 12.6% 的速度扩大；而农村家庭间的收入差距也由 2000 年的 6.47 倍扩大至 2014 年的 8.65 倍，扩大速度为惊人的

14.5%。根据国家卫生和计划生育委员会于 2015 年公布的《中国家庭发展报告（2015）》，2015 年中国城镇居民的可支配收入已突破 3 万元，而农村居民仅为 1 万元左右，城镇居民的收入是农村居民的 3 倍。2015 年后，城镇居民人均可支配收入于 2020 年突破 4.3 万元，5 年间增加近 1.3 万元；而农村居民的人均可支配收入增长缓慢，5 年间仅增加了 5709 元，且仍保持在 1.7 万元左右。城乡家庭收入差距的不断扩大会造成社会结构失衡以及社会分化等负面影响。为缓解收入差距的进一步扩大，中央政治局多次召开会议，自党的十七届四中全会便将缩小居民收入差距列为重要工作之一，2019 年在第十三届全国人民代表大会第二次会议和中国人民政治协商会议第十三届全国委员会第二次会议上再次将缩小收入差距列入《政府工作报告》，在党的十九届五中全会上也将显著缩小城乡区域发展和居民生活水平间的差距作为到 2035 年要实现的远景目标之一。因此，需探索导致收入差距不断扩大的原因，从根源分析和探讨如何延缓城乡家庭收入差距不断扩大的趋势，以缓解我国民生领域内的不平衡不充分发展，进一步实现人民日益增长的美好生活需要。

关于收入差距，已有学者从收入分配制度、金融机构准入门槛以及人力资本投资等宏观经济角度探讨导致收入差距不断扩大的原因。由于所有经济活动都会落脚至家庭，因此从家庭部门的相关经济活动视角探索造成家庭收入差距不断扩大的原因，不仅更具说服力，有助于从微观角度了解社会经济活动，还能进一步完善关于收入差距问题的微观分析。随着我国金融市场的不断发展以及居民金融素养的日益提高，参与金融市场并进行资产负债配置的家庭逐渐增加。一方面，根据《中国城市家庭财富健康报告 2018》，我国居民家庭资产规模不断增加，2017 年我国城市家庭平均资产规模约 150 万元，2011—2017 年年均复合增长率达 7.6%，高于同期 GDP 的平均增速；家庭平均净资产规模由 2011 年的 90.7 万元上升至 2017 年的 142.9 万元，年均复合增长率达 7.9%。另一方面，金融市场的日益完善以及居民观念的转变促使越来越多的家庭通过负债平滑日常生活消费，造成住房、汽车、教育和消费等家庭债务规模与日俱增，因此家庭负债行为同样不容忽视。2017 年末，我国家庭债务余额已增至 40.5 万亿元，与 2008 年相比同比增长 21.4%，10 年间增长近 7.1 倍；存款类金融机构的全部贷款余额中，家庭贷款占比 32.3%，这一比例较 2008 年增长了 14.4%。2018 年，中国家庭部门的新增负债占全部新增负债的比例已接近 50%，成为贡献新增债务的中坚力量。不断上升的家庭资产与负债规模反映了资产和负债行为在我国家庭经济活动中的重要性，而家庭的资产和负债行为均与家庭的金融管理活动相关，结合家庭部门资产负债表的相关概念，即反映家庭在某一特定时期全部资产、负债的会计报表，是家庭经营活动的静态体现，因此可以将家庭资产和负债行为统称为"家庭金融行为"（李扬等，2018）。因此，对家庭金融行为予以分析，能够从资产和负债的配置角度考察我国居民家庭的经济活动。家庭日常进行金融管理，一方面，在配置资产时会动用其可支配收入，而所配置资产带来的额外收益也会影响家庭的收入水平；另一方面，越来越多的家庭会通过负债平滑日常的多项大额开支，这一行为虽然能够在短期内缓解家庭流动性不足的问题，但家庭需支付相应的利息，同样会对其可支配收入产生影响。可以看出，家庭金融行为与家庭可支配收入水平之间息息相关。那么，金融行为因家庭而异，不同家庭间收入差距的不断扩大是否与家庭金融行为有关？如果有关，家庭金融行为如何影响收入差距？

随着对家庭金融行为分析的不断深入，家庭资产和负债行为存在的问题逐渐暴露出来。一方面，家庭对于金融市场的认知水平和参与程度较低，存在对于金融市场的"有限参与"，只愿意将绝大部分收入以存款的形式存入银行，造成家庭资产结构不合理、配置过于单一等。另一方面，家庭尝试通过负债平滑消费之前，通常不清楚负债相关渠道，是通过银行申请贷款，还是借助亲朋好友等民间借贷方式？家庭对于银行的相关信贷产品知之甚少，选择民间借贷又因信息不对称、抵押不充分等问题而无法实现。由于家庭部门的经济活动对整个社会的经济发展具有重要影响，国内外学者逐渐认识到家庭金融行为不仅是家庭行为，更是一种社会行为，因此尝试从社会学的视角和方法分析家庭金融行为。在社会学的分析框架下，人与人之间、家庭与家庭之间在日常交往过程中不仅存在行为的相互模仿，还能通过交流和沟通传递信息。由此，不同人、家庭之间相互连接，将整个社会编制成网状结构，社会学家将这种网状结构定义为"社会网络"。社会网络反映了人与人之间在日常交往中形成的关联体系，认为社会中的各种分配和支持现象均以网络的形式加以呈现。由于网络具有联系多点的特性，因此不同家庭之间在日常交往过程中会相互影响，其经济活动也存在相互模仿的现象，并通过交流和沟通传递信息。那么，家庭部门的金融行为是否也会相互影响？有关家庭资产和负债配置的信息能否依托社会网络进行传递？部分学者随即就社会网络是否会影响家庭金融行为展开讨论，发现社会网络一方面能够利用其传递信息的优势降低信息成本，缓解家庭与金融市场间的信息不对称，提高家庭成员对于金融市场中不同金融产品的认知，促进家庭对于金融市场的参与行为，从而缓解家庭对于金融市场的"有限参与"现象，提高家庭资产配置效率，优化家庭资产配置结构（郭士祺等，2014）。另一方面，社会网络能够通过沟通和交流传递相关的银行贷款信息，促使家庭在借款之前对银行的信贷产品有一个大致的了解，更利于家庭通过负债行为平滑消费；由于处在社会网络中的不同家庭在提出借款申请之前能够了解对方的信息，家庭与家庭之间的关系也能作为一种隐形的"担保"，以缓解民间借贷过程中的信息不对称与抵押不充分等问题，从而促进家庭民间借贷行为的发生。当然，社会网络也会促进家庭之间的相互模仿，催生由地位寻求导致的攀比效应，造成盲目的过度负债行为。可以看出，已有学者从社会网络的角度研究其对家庭金融行为的影响，而中国作为典型的"关系型国家""人情社会"的存在拉近了家庭之间的相互联系，社会网络的影响会更加显著，因此在分析我国家庭金融行为时不能忽视社会网络的作用。

基于以上论述，家庭金融行为与家庭可支配收入水平之间息息相关，那么，金融行为因家庭而异，收入差距的不断扩大是否与家庭金融行为有关？如果有关，家庭金融行为如何影响收入差距？进一步地，社会网络中的不同家庭之间在日常交往过程中会相互影响，其金融行为也会相互模仿，因此既有研究分析了社会网络对家庭金融行为的影响。那么，结合社会网络对家庭金融行为的影响，在社会网络的视角下，家庭金融行为对收入差距又会产生怎样的影响？因此，本书以家庭部门为研究对象，基于社会网络视角研究家庭金融行为对收入差距的影响，系统地分析社会网络视角下中国居民家庭金融行为影响收入差距的作用机理，从微观角度探索导致收入差距扩大的原因。

1.1.2 研究意义

本书以既有研究为基础，从家庭部门出发探讨家庭金融行为对收入差距的影响，并引入社会网络以系统分析社会网络视角下中国居民家庭金融行为影响收入差距的作用机理，对这一问题的探讨具有一定的理论和现实意义。

1. 理论意义

基于社会互动理论，通过将家庭非金融资产行为引入社会效用函数，借助交互基础模型，从促进互动的角度探讨社会网络对家庭非金融资产行为的影响，完善社会网络影响家庭资产行为的理论。

基于社会资本理论与流动性约束理论，拓展债务人视角下包含社会网络隐性担保机制的信贷交易模型，通过引入债权人的方式从债权债务双方的角度讨论社会网络在家庭民间借贷行为中所起的隐性担保作用，完善社会网络影响家庭负债行为的理论。

基于收入分配理论，将家庭负债因素纳入家庭资产行为影响收入差距的研究当中，以建立家庭金融行为影响收入差距的理论模型，综合资产负债考察家庭金融行为对收入差距的影响机理，完善家庭金融行为影响收入差距的理论。进一步地，基于社会网络影响家庭金融行为，以及家庭金融行为影响收入差距的理论分析，尝试梳理在社会网络视角下家庭金融行为对收入差距的影响机理，为家庭金融行为与收入差距的理论研究提供新的视角。

2. 现实意义

本书以我国经济由高速增长阶段转向高质量发展为背景，探讨我国不平衡发展中存在的收入差距问题。较大的收入差距不仅对经济发展产生负面影响，而且对社会稳定性构成威胁，具体表现为造成社会有效需求不足、降低低收入者的人力资本投资、社会结构失衡以及社会分化等。因此，在社会网络视角下探索中国居民家庭金融行为对收入差距的影响不仅可以促使监管部门加强对我国居民家庭金融行为以及各项家庭财务指标的关注和重视，还能从微观家庭部门的角度分析导致收入差距扩大的因素，探讨微观家庭金融行为的宏观经济效应，为我国现存的收入差距问题提出新的解释，进而通过出台相关政策并采取相关措施来减小收入差距，以维护社会稳定，缓解我国经济的不平衡发展。

此外，探讨社会网络视角下中国居民家庭金融行为对收入差距的影响，一方面，能够帮助我国居民更有效地借助社会网络获取相关信息，提高家庭成员对于金融市场和金融产品的认知水平，在明确家庭资产和负债配置现状的同时，提升我国家庭金融管理效率。另一方面，在缓解我国收入差距进一步扩大的同时，能够在一定程度上减轻微观家庭主体之间因攀比而产生的盲目购房、过度负债等非理性行为，进而优化家庭的财务状况，进一步提升其生活质量。

1.2 国内外文献综述

基于前文所阐述的研究背景，收入差距是我国不平衡不充分发展中亟待解决的重要问题，而家庭是社会经济活动的细胞，将收入差距的研究落脚至家庭无疑具有重要价值；此外，改革开放以来，我国居民家庭金融活动占比日趋增加，因此需从家庭金融行为入手考察其对收入差距的影响。进一步地，家庭金融行为不仅是家庭行为，更是社会行为，因此需从社会学视角分析家庭金融行为。鉴于社会学研究中的社会网络反映了不同家庭之间的联系，并结合我国"关系型国家"和"人情社会"等事实，需进一步分析社会网络对家庭金融行为的影响。可以看出，本书侧重讨论社会网络视角下家庭金融行为对收入差距的影响，因此本书首先梳理社会网络影响家庭金融行为的相关文献，其次整理社会网络影响收入差距的相关文献，最后整理社会网络视角下家庭金融行为影响收入差距的相关文献。

1.2.1 社会网络影响家庭金融行为的研究综述

1. 社会网络对家庭资产行为的影响

根据前文对相关概念的简要阐述，家庭资产行为可以分为家庭金融资产行为与家庭非金融资产行为，既有文献关于社会网络与家庭资产行为的讨论主要集中于社会网络对家庭金融资产行为的影响。家庭金融资产行为表现为家庭对股票、基金、债券以及保险等金融资产的配置和管理行为，而实现上述行为的重要条件则是家庭对于金融市场的参与行为。但现实中，家庭对于金融市场，特别是股票市场存在"有限参与"现象，大多数家庭的资产配置中房产占比较高，除房产外的流动性资产以银行存款、国债等低风险资产为主，这种相对单一的资产组合对家庭而言不仅存在流动性风险，还会降低其投资有效性，对消费升级造成不利影响（魏昭等，2018；柳朝彬等，2020）。而社会网络通过其促进互动、信息共享、风险共担等机制降低家庭对于股票市场的参与成本，从而促进其股票市场的参与行为，在一定程度上缓解股票市场的"有限参与"现象。

经典理论认为，造成股票市场"有限参与"的原因有：一方面在于参与股票市场具有交易成本、人力成本以及获取和处理信息的"隐性成本"，这些成本无形中提高了股票市场的参与门槛；另一方面，对股票知识的掌握程度会对股票市场的参与造成影响,掌握程度较高的投资者对股票市场中风险和收益的认识更为清晰,且更容易掌握股票交易的流程和技巧,间接降低了股票市场的参与成本,进而促进家庭对于股票市场的参与行为。此外,家庭对待风险的态度也会对股票市场的参与行为造成影响,偏好风险的家庭对股票市场的参与程度较高,厌恶风险的家庭对股票市场的参与程度较低。股票投资不仅是家庭行为,更是一种社会行为,既有文献认为社会成员间的交往与互动,即社会网络能够对股票市场的参与行为产生影响。首先,处于网络中的社会成员的行为能够相互影响,例如人们在日常交往过程中会知晓周围人投资股票成功或失败的案例,这可能会产生一定的示范效应,从而促进或抑制了家庭对于股票市场的参与行为(Zhang 等,2021;李涛,2006;李涛等,2009;董占奎等,2019)。其次,社会网络能够拓宽信息传递渠道,加强社会成员间的信息共享。Bali 等(2018)认为个体事先无法掌握具体的成本和收益,通常以口头交流获得信息为依据进行决策,社会网络的存在则会拓宽这一信息的传递渠道(杨虹等,2021),家庭在投资股市之前不仅可以利用这一渠道获取和处理信息,还能够了解并掌握股票交易的相关技巧;纷繁复杂的媒体和互联网等公开渠道的信息提高了家庭处理信息的难度,而在交往过程中通过口头交流获取的信息能够在一定程度上替代公开渠道的信息,从而降低信息成本,进一步加强股票市场的参与行为(Brown 等,2008;周铭山等,2011)。再次,社会网络会放大社交活动所产生的愉悦。试想一个参与股市的社会成员会在与朋友、邻居和同事交流时提及股票投资话题,而对于股票投资话题的交流则会为其带来愉悦感,原因在于社会成员之间由于共同兴趣爱好而产生的共同话题的交流能够带来愉悦感,而社会网络则会通过放大这一效应,从而促进家庭对于股票市场的参与。最后,社会网络能够促进社会成员之间参与股票市场的比较行为。居民在谈论有关股票投资时会知晓群体中其他成员的投资情况,并初步掌握整个群体股票市场参与的大致平均水平,以在决策时进行参考;相比自身的绝对财富水平,社会网络的存在使居民更关注其所在社区的相对财富状况,并会以此作为参与股票市场的依据。此外,社会网络还能够在家庭参与金融市场中充当"软垫",缓冲家庭遭受的投资损失,即社会网络内的成员能够向遭受损失的家庭伸出援助之手;对于信任度较低的群体,其中社交能力较强的家庭能够平滑低信任度所造成的负面冲击,降低参与股票市场的风险,从而促进其对于股票市场的参与(贾艳等,2020)。随着移动互联网的飞速发展,部分学者关注线上社会网络对家庭股票市场参与的影响，发现移动互联网能够放大社会网络传递信息的功能（周广肃等，2018；朱卫国等，2020；周弘等，2020）。人们可以利用互联网提高其金融素养，从而促进对于股票市场的参与；互联网的高速发展推动了数字金融发展水平的提升，促使更多的家庭参与金融市场，从而提高其家庭资产配置的效率（梁丽冰，2019；王一如等，2021）。张永奇等（2021）结合中国家庭追踪调查数据（CFPS）重点分析了互联网发展对农户家庭股票市场投资的影响，研究发现，农户借助互联网渠道能够有效提升其金融市场的参与率和参与规模，并且这一影响在收入高、房价低的地区更为明显。

由此可以看出，关于社会网络对家庭资产行为影响的讨论，既有文献重点考察了社会网络对家庭金融市场，特别是股票市场参与的影响，认为社会网络所具有的促进互动、信息共享以及风险共担使其能够在一定程度上缓解家庭对于股票市场的"有限参与"现象，进而对家庭金融市场参与具有正向促进作用。然而，一方面，社会网络与家庭资产行为的研究侧重于讨论前者对于家庭金融资产行为的影响，对家庭非金融资产行为的研究较少；另一方面，既有文献虽然梳理了社会网络影响家庭股票市场参与的影响机理，但相关的实证分析局限于探讨社会网络对家庭股票市场参与影响效应的分析。

2. 社会网络对家庭负债行为的影响

关于社会网络与家庭负债行为的分析，大多起始于社会网络与消费行为的讨论。早期关于社会网络对消费行为的探讨以"炫耀性消费"以及"相对收入假说"为代表。"炫耀性消费"是人们为了在社交圈内向同伴显示自身财富以及社会地位的信号；而"相对收入假说"，即一个社交圈内的成员会对同伴的收入较为敏感，人们在交流时会了解同龄人的生活水平，内心深处强烈的模仿倾向以及为追求更高生活水平的欲望使收入低于平均水平的家庭消耗收入的较大份额以提升自身家庭的消费水平。这样一种消费行为在同伴之间相互影响的效应被拓展成为"互动偏好消费理论"，也可以理解为"攀比效应"。金融市场的不断完善和观念的转变使人们更多通过负债来平滑消费，因此人们在互动过程中为了与社交圈内群体的社会标准一致，会通过长期抵押贷款而购买具有社会价值的商品，尤其是房屋、汽车和首饰等，进而对家庭负债行为产生正向影响，促进了家庭债务水平的提高（王刚贞等，2020）。Georgarakos等（2014）认为社交圈内不同个体的消费行为与金融市场的参与行为能够被直接观察到，中低收入家庭为了与高收入家庭具有相似的行为而去借贷，但出于内心的羞耻感，人们通常不会去主动谈论有关家庭债务的问题。因此，可以看出社会网络加剧了群体中不同成员之间的"攀比效应"，促使人们通过负债行为购买具有社会价值的商品，最终导致家庭负债水平的提高。胡中立等（2020）结合 2013 年中国家庭金融调查数据，通过构建包含家庭债务因素在内的社会交互基础模型，分析社会互动对家庭负债的影响，发现社会互动能够有效促进家庭负债参与以及家庭负债规模的提高。进一步地，王书华等（2020）在此基础上结合中国家庭追踪调查数据，对社会网络影响家庭负债的异质性予以分析，研究表明社会网络对家庭负债具有正向的促进作用，并且横向社会网络中地缘关系的影响最大、亲缘次之、业缘最小，纵向社会网络中与社区关系的影响最大、与政府关系次之、社会地位的影响最小。

此外，社会网络在家庭民间借贷的参与中也扮演着重要角色。关于社会网络对民间信贷的影响，既有文献大多认为社会网络能够提供一种隐性的"信誉担保"，进而促进民间借贷行为的顺利进行。Karlan 等（2009）提出一种基于非正式契约执行的社会网络信任理论，认为人们在通过民间借贷等非正规金融渠道进行负债时，社会网络中人与人之间的联系与关系能够当作一种"抵押"以确保负债的顺利进行，由于直接和间接的关系都能当作"抵押"，因此人与人之间的信任程度由整个社会网络的结构决定，这样一种隐性"抵押"的存在能够让网络中的成员获得更多的融资机会，并随之通过分析相关数据验证了基于网络形成的信任对民间借贷行为的正向影响。Gajigo 等（2010）通过建立包含网络担保机制的信贷交易模型分析了非洲国家的宗族网络，并对冈比亚中央统计局所提供的家庭调查问卷数据进行分析后发现非洲国家所特有的宗族网络在借贷过程中扮演着重要角色，来自大宗族的企业家能够获得更多的借款，原因在于其背后庞大的宗族网络能够对违约者进行"社会惩罚"，一旦出现违约便会殃及整个宗族，因此社会网络的隐性担保的机制促进了家庭民间借贷行为，但模型仅阐述了社会网络能够为债务人提供隐性担保，并未从债权人的角度解释对于民间借贷行为的促进作用。之后的学者在研究中进行了进一步论证，即由于社会网络能够提供隐性"抵押"，可以将这种"抵押"理解为社会网络对违约者实施的一种"社会惩罚"，使其在违约时承担包括声誉损失在内的高额的"社会成本"，降低借贷过程中违约的概率，从而促进了家庭借贷行为的发生（杜朝运等，2020；孙嘉馨等，2020）。

由于中国是典型的"关系型社会"，相比于其他发展中国家而言，社会网络在中国能够更大限度地发挥其影响力。基于非正规金融在中国农村所发挥的重要作用，杨汝岱等（2011）以我国农村家庭为研究对象，从农户社会网络关系出发分析了农村居民的负债行为，通过分析2009年中国农村金融调查数据，实证检验了社会网络对于农户民间借贷需求行为的影响，结果表明，民间借贷行为与社会网络的发达程度之间呈正相关关系，并且社会网络在缓解农户流动性约束、平衡现金流等方面起到了重要作用，之后的部分学者也验证了社会网络对农村家庭民间借贷行为的正向影响（王维等，2020；徐慧贤等，2020）。胡枫等（2012）结合2010年中国家庭追踪调查数据分析了社会网络对民间借贷行为的影响，结果显示社会网络对民间借贷参与具有显著的正向影响，验证了杨汝岱等人的结论。郭云南等（2013）则进一步将研究视角细化至社会网络中的宗族网络，考察了宗族网络对农村居民融资的影响，通过对农业部固定观察点调查和中国经济中心补充调查数据进行分析，发现由于宗族网络的存在，农村居民能够凭借其提供的隐性担保获得创业所需要的资金，提高家庭的民间融资额，促进了家庭民间借贷行为的参与。林建浩等（2016）同样关注到社会网络的异质性，在借鉴宗族网络之后进一步将网络细化为宗族网络与朋友圈，结合2010年中国家庭追踪调查数据分析了宗族和朋友圈网络对不同家庭借贷行为影响的异质性，结果显示朋友圈网络对正规金融渠道的借贷可得性具有显著的正向影响，对民间借贷的影响不显著；对应的宗族网络则对民间借贷金额与可得性的影响较为显著。孙冲博等（2016）尝试通过结构方程模型探讨社会网络对民间借贷的影响机制，结合四川省328份样本调查数据，建立社会网络与农户民间借贷行为的结构方程模型，在证明了二者之间正向关系的基础上，进一步发现社会网络通过主观规范和行为态度间接影响农户民间借贷行为。徐子尧等（2021）结合中国家庭金融调查数据，利用百度指数数据构造了社会信用环境指标，分析社会信用环境对家庭参与私人借贷市场的影响，研究发现社会信用环境是家庭参与私人借贷市场的重要影响因素，并且社会信用越高的环境对家庭借入与借出均具有正向的促进作用，而社会网络的存在正是社会信用的基础。

由此可以看出，关于社会网络对家庭负债行为影响的讨论，既有文献一方面考察了由于社会网络激化了人们之间的"攀比效应"而导致的家庭负债水平的上升；另一方面考察了社会网络在家庭民间借贷参与中能够提供"隐性担保"，进而促进了家庭借贷的顺利进行。然而，一方面关于社会网络对家庭民间借贷参与的讨论仅从债务人的角度构建了理论模型，并未从债权人的角度考虑社会网络在家庭民间借贷行为中所起的作用；另一方面，既有文献虽然梳理了社会网络影响家庭民间借贷参与的影响机理，但相关的实证分析局限于探讨社会网络对家庭民间借贷参与影响效应的分析。

综上所述，关于社会网络对家庭金融行为的影响已有较为丰富的研究成果，并结合家庭资产和负债行为可以看出社会网络能够正向影响家庭金融行为。然而，上述研究仍存在进一步改进的空间，社会网络与家庭资产行为的研究侧重于讨论前者对于家庭金融资产行为的影响，对家庭非金融资产行为的研究较少；关于社会网络对家庭民间借贷参与的讨论仅从债务人的角度构建了理论模型，并未从债权人的角度考虑社会网络在家庭民间借贷行为中所起的作用；关于社会网络对家庭股票市场参与以及民间借贷参与的实证研究局限于分析二者间的影响效应，忽略了二者间的影响机理。基于此，本书尝试对上述问题予以改进，从促进互动的角度探讨社会网络对家庭非金融资产行为的影响，进一步完善关于社会网络影响家庭金融行为的研究；尝试拓展社会网络对家庭民间借贷参与的理论模型，从债权人的角度讨论社会网络在家庭民间借贷行为中所起的隐性担保作用；尝试结合中国家庭金融调查数据，利用计量经济学方法，通过构建"家庭风险态度""家庭地位性商品支出"和"家庭借款回收率"指标，在实证层面验证社会网络对家庭股票市场参与行为与家庭负债行为的影响机理。

1.2.2 社会网络影响收入差距的研究综述

在对社会网络影响家庭金融行为的相关文献予以整理之后，进一步梳理社会网络影响收入差距的相关文献。

关于社会网络与家庭收入差距的讨论，既有研究认为社会网络的存在是导致家庭收入差距不断扩大的原因。理想社会中的收入水平呈正态分布，即中等收入家庭占据绝大多数，高收入家庭和低收入家庭只占极少数。这种分布被认为是最为理想的社会结构，会激励聪明勤奋的社会成员，弱者的落差也没那么大，如图 1.1 所示。但真实世界是这样吗？经济学家帕累托在研究社会收入水平时发现，19 世纪的意大利，极少数富有家庭赚走了社会中的绝大部分钱，大部分家庭的收入都很低，他的这一发现被后人称为"帕累托法则"，也叫作"二八定律"，即社会中 20% 的家庭获得了 80% 的收入。在美国经济危机期间，占领华尔街的运动也让人们注意到了 1% 的人群赚取了 15% 的收入，而且这一差距还在不断扩大。与正态分布相对应，这一现象在统计学中被称为"幂律分布"，如图 1.2 所示。幂律分布的形状是一个不断下降的曲线，从最高的峰值开始急速下降，后面拖了一个长长的尾巴。

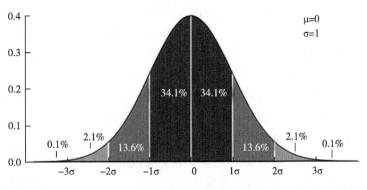

图 1.1　正态分布

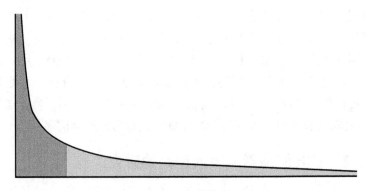

图 1.2　幂律分布

那么，幂律分布之所以产生，原因在于社会网络的相互影响和正反馈。社会中的不同家庭之间因互动而形成网络，而社会网络生长的方式并不是随机产生的，而是优先连接。当新的节点加入网络，或者网络中有新的连接产生时连接度较高的节点会比连接度较低的节点更有可能得到新连接，这便是所谓的优先连接。如同在学术界，一篇论文被引用的次数越多，就越有可能被更多的论文引用。正是在优先连接这一机制的作用下，社会中的收入水平才出现幂律分布的结果，家庭之间才会出现收入差距。托马斯·皮凯蒂在《21世纪资本论》一书中也证实了这一观点，导致收入水平呈现两极分化的根本原因在于资本回报率远大于劳动回报率，资本会倾向于流动到已经聚集的资本上，并不会为劳动增值。因此高收入家庭的收入水平会越来越高，低收入家庭几乎无法通过劳动追赶上。

然而，中国学者在研究我国农村社会网络和宗族网络时发现，这两种网络的存在不仅不会扩大农村家庭的收入差距，反而会通过增加农民外出务工的机会提高其收入水平，减小农户间的收入差距。郭云南等（2013）通过构建包含农户迁移因素的宗族网络模型，并结合中国经济研究中心与农业部的调查数据，探讨了宗族网络对农村家庭收入差距的影响，研究发现宗族网络促进了农村劳动力人口的流动，促使更多的低收入农户从中获益，从而减小了农村内部的收入差距。于福波等（2019）通过将社会网络引入农户效用函数，构建了农村社会网络与收入差距的理论模型，并结合2016年中国家庭追踪调查数据（CFPS）分析了农村社会网络对收入差距的影响，发现社会网络通过促进农村家庭外出务工提高农村家庭非农收入水平，从而缓解了中国农户内部收入差距不断扩大的趋势。王翊嘉等（2019）基于福建省和安徽省两省320户农村家庭的调查数据，同样证明了农村社会网络对农村家庭间收入差距的负向影响。孙伯驰等（2020）结合2010—2016年农户的相关数据，分析了社会网络异质性对于收入差距的影响效应，发现社会网络作为一种资本能够显著提高农村家庭的收入水平，因此能够通过减贫缓解收入差距。

由此可以看出，早期西方关于社会网络对收入差距影响的讨论认为，社会网络中节点的优先连接机制使家庭间的收入差距不断扩大。而中国学者发现社会网络能够通过促进农村居民人口流动和外出务工提高收入水平，从而缓解农村内部收入差距进一步扩大的趋势。

1.2.3 社会网络视角下家庭金融行为影响收入差距的研究综述

在对社会网络影响家庭金融行为，以及社会网络影响收入差距的相关文献进行整理之后，进一步梳理社会网络视角下家庭金融行为影响收入差距的相关文献。

关于社会网络视角下家庭金融行为对收入差距的影响，既有文献侧重于从资产角度予以梳理。根据前文中相关概念的界定，家庭资产行为按其性质分为家庭金融资产行为与家庭非金融资产行为。关于家庭非金融资产行为，部分学者通过分析调查问卷数据后发现家庭对于房产的购买行为是造成收入差距扩大的原因之一（王玥玥等，2020；张增辉等，2021）。房地产市场的繁荣，以及房屋逐渐成为当代年轻人的结婚"必需品"，促使家庭出于投资或刚需目的购买房屋，从而推动了房地产价格的进一步上涨，且房产在家庭资产中的占比不断增加。因此家庭的非金融资产行为中的房屋购买行为间接导致房价的波动对家庭的收入水平产生影响，进而影响收入差距（刘呈庆等，2021）。具体而言，一方面，Dustmann 等（2018）认为房价通过"财富效应"改变了房屋的资产价值，从而对收入差距造成影响。城镇地区和农村地区房地产市场的发展水平存在差异，城镇地区房地产市场发展较为完善，促使城镇家庭所拥有的房屋易于交换和流转，更能实现房屋作为一项资产的功能；相比之下，农村地区囿于其住房制度的制约，房地产市场发展较为滞后，房屋难以交换和流转，导致其难以发挥资产功能。因此，城镇居民能够享受房价上涨带来的"财富效应"，进而获得额外收入；而农村居民则无法享受房价上涨带来的额外收入，因此体现为城乡收入差距的扩大（沈悦等，2017；张媛媛，2018；江永红等，2019；张志新等，2020；陈新娟等，2020）。另一方面，Hailemariam 等（2021）从"信贷效应"的角度分析了房价变动对收入差距的影响，认为房价上涨会推动房地产作为抵押品的价值，城镇家庭可以将房屋抵押至银行以获取信贷资金的支持，进而通过进行投资活动获取额外收入；相比之下，农村家庭囿于对房产抵押贷款信息不了解、房屋所有权难以认证以及农村宅基地使用权抵押制度不健全等因素，难以通过银行获取房地产抵押贷款，进而无法获得投资带来的额外收入，最终表现为收入差距的扩大（孟全省，2006；陈霄等，2010；裴晓雯，2020）。

关于家庭金融资产行为与收入差距的讨论，大多起始于对金融发展与收入差距问题的探讨。基于金融发展与收入差距的讨论，国内外学者进一步分析家庭金融资产配置行为对收入差距的影响（喻平等，2019）。Sonnenberg 等（2011）从家庭投资收益的角度分析了家庭金融资产配置行为与收入差距之间的关系，认为不同收入水平家庭的金融资产配置行为之间存在差异，而不同金融资产配置行为导致金融资产配置组合的收益不同，所投资的领域与其带来的收益也不同。收入水平较高的家庭有能力直接或间接优化其金融资产配置，从而获得更高的投资收益，间接提高其收入水平；而收入水平较低的家庭优化其金融资产配置的能力较差，甚至仅持有现金和银行活期存款，获得的投资收益相对较低，对提高其收入水平的影响相对较小，因此表现为对两种家庭间的收入差距产生正向影响。王书华等（2012）结合 2100 户农户 2005—2009 年的数据，探讨了农户家庭金融资产配置行为与收入差距间的非线性关系。基于 Greenwood 等（1990）建立的理论模型，认为中国农村的现状并不满足其理论模型中关于完美金融市场机制的假设，通过对假设条件的修正，论证了农户家庭金融资产配置行为与收入差距间存在门槛效应，即在农村金融部门发展成熟之前，财富规模较低的农村家庭难以借助金融机构优化其金融资产配置，获得的投资收益较低；而相对富裕的农村家庭则可以利用金融机构所提供的支持对其金融资产配置予以优化，能够获得较高的投资收益，进而表现为农户家庭间收入差距的不断扩大。当农村金融部门发展成熟，所有农村家庭均能通过金融机构获得支持，财富规模较低的农村家庭也能借助金融机构优化其金融资产的配置，无意间淡化了相对富裕的农村家庭在金融资产配置行为方面的优势，两种家庭之间投资收益率的差异将会缩小，进而收入差距将会减小。进一步地，王书华等（2015）在此基础上通过构建包含家庭金融资产配置与收入差距的城乡两部门模型，从理论层面推导了家庭金融资产配置行为对城乡收入差距的动态影响机制，认为城乡家庭间金融资产配置行为的差异是导致收入差距扩大的原因之一。由于城乡金融部门的完善程度不一致，促使金融资源在城乡间的分配呈"二元结构"，导致城乡家庭间金融资产配置行为存在差异，造成收入差距的不断扩大；当金融自由化不断推进，加上城乡间人口的不断流动，逐渐熨平了农村家庭在金融资产配置行为方面与城市家庭间的差距，最终会缩小城乡间的收入差距。两部门模型验证了家庭金融资产配置行为与收入差距之间所谓的"倒 U 形"关系，并结合我国 1997—2010 年 28 个省份的相关数据，通过状态空间模型予以证明。

对家庭负债与收入差距的分析尚未取得一致的结论。部分学者认为，由收入差距导致的社会地位和收入的差距是影响家庭负债行为的重要原因。负债是平滑消费的重要方式，收入差距的不断扩大会导致不同收入家庭的消费行为出现差异，中低收入家庭为了提升自身的社会地位，会选择通过借贷的方式保持与高收入家庭相同的消费水平，进而导致家庭债务水平的不断上升，并且这种关系在长期内同样成立（郭新华等，2016）。Aldashev（2019）对吉尔吉斯斯坦家庭做了抽样调查并对调查结果进行了分析，结果显示吉尔吉斯斯坦的家庭之间存在较为严重的收入差距，相对贫困的家庭处于社会的底层，但对更高社会地位的向往使其通过借贷的方式购买能够体现社会地位的物品，但过高的负债加重了贫困家庭的负担，从而陷入了恶性循环，导致收入差距的进一步扩大。相反，还有部分学者认为人们的储蓄倾向高于负债倾向，社会地位和消费行为的差异并不会提高家庭债务水平，而会提高家庭储蓄水平。Long 等（2004）认为当不同收入水平家庭的社会地位存在差异时，人们会为其竞争，但是当相对财富的边际效用大于消费的边际效用时，低收入家庭反而会通过减少消费并增加储蓄的方式提高其社会地位，这一现象在中国同样存在（汪伟等，2011）。崔泽园等（2021）结合2011—2017年的中国家庭金融调查数据，通过构建包含家庭资产负债与收入差距的两部门模型，分析了城乡居民家庭资产负债行为对收入差距的动态影响机制，研究发现城乡居民家庭资产负债行为与收入差距之间呈U形关系。

综上所述，既有文献从资产与负债两个角度探讨了社会网络视角下家庭金融行为对收入差距的影响。关于家庭资产行为，一方面部分学者发现家庭对于房产的购买行为是造成收入差距扩大的原因之一；另一方面部分学者基于家庭金融资产行为的角度，认为短期内城乡家庭金融资产配置行为的差异是导致城乡收入差距扩大的原因，但长期内收入差距会逐渐减小。关于家庭负债行为，对家庭负债行为与收入差距的分析大多集中于讨论收入差距的扩大是否是影响家庭负债行为的重要原因。然而，既有文献关于社会网络视角下家庭金融行为对收入差距影响的讨论侧重于分析资产一方，忽略了家庭负债对收入差距的影响；讨论家庭金融行为影响收入差距的文献较多，基于社会网络视角下对这一问题的讨论较少。因此，本书在既有关于家庭资产行为与收入差距讨论的基础上，尝试纳入家庭负债因素，综合资产负债行为，并在社会网络视角下考察家庭金融行为对收入差距的影响。

1.2.4　文献评述

本书从社会网络视角梳理了家庭金融行为影响收入差距的研究成果，分别对社会网络影响家庭金融行为、社会网络影响收入差距、社会网络视角下家庭金融行为影响收入差距的相关文献进行了整理。

社会网络对家庭金融行为的影响已有较为丰富的研究成果，并结合家庭资产和负债行为可以看出社会网络能够对家庭金融行为产生影响。关于社会网络对家庭资产行为影响的讨论，既有文献重点考察了社会网络对家庭参与金融市场，特别是股票市场的影响，认为社会网络所具有的促进互动、信息共享以及风险共担使其能够在一定程度上缓解家庭对于股票市场的"有限参与"现象，进而对家庭金融市场参与具有正向促进作用。关于社会网络对家庭负债行为影响的讨论，既有文献一方面考察了由于社会网络激化了人们之间的"攀比效应"而导致的家庭负债水平的上升；另一方面考察了社会网络在家庭民间借贷参与中能够提供"隐性担保"，进而促进了家庭借贷的顺利进行。

关于社会网络对收入差距影响的讨论，早期西方的学者认为社会网络中节点的优先连接机制使家庭间的收入差距不断扩大；而中国学者发现社会网络能够通过促进农村居民人口流动和外出务工提高收入水平，从而缓解农村内部收入差距进一步扩大的趋势。

社会网络视角下家庭金融行为对收入差距的影响，既有文献从资产与负债两个角度探讨了社会网络视角下家庭金融行为对收入差距的影响。关于家庭资产行为，一方面，部分学者发现家庭对于房产的购买行为是造成收入差距扩大的原因之一；另一方面，部分学者基于家庭金融资产行为的角度，认为短期内城乡家庭金融资产配置行为的差异是导致城乡收入差距扩大的原因，但长期内收入差距会逐渐减小。关于家庭负债行为，对家庭负债行为与收入差距的分析大多集中于讨论收入差距的扩大是否是影响家庭负债行为的重要原因。

然而，上述研究仍存在进一步改进的空间。关于社会网络对家庭金融行为影响的讨论，社会网络与家庭资产行为的研究侧重于讨论前者对家庭金融资产行为的影响，对家庭非金融资产行为的研究较少；社会网络对家庭民间借贷参与的讨论仅从债务人的角度构建了理论模型，并未从债权人的角度考虑社会网络在家庭民间借贷行为中所起的作用；社会网络对家庭股票市场参与以及民间借贷参与的实证研究局限于分析二者间的影响效应，忽略了二者间的影响机理。因此，本书尝试从促进互动的角度探讨社会网络对家庭非金融资产行为的影响；拓展社会网络影响家庭民间借贷参与的理论模型，从债权人的角度讨论社会网络在家庭民间借贷行为中所起的隐性担保作用；结合中国家庭金融调查数据，通过构建"家庭风险态度""家庭地位性商品支出"和"家庭借款回收率"指标，在实证层面验证社会网络对家庭股票市场参与行为与家庭负债行为的影响机理

关于社会网络视角下家庭金融行为对收入差距影响的讨论，一方面，既有文献关于家庭金融行为对收入差距影响的讨论侧重于分析资产一方，忽略了家庭负债对收入差距的影响；另一方面，既有文献较多讨论了家庭金融行为对收入差距的影响，基于社会网络视角下对这一问题的讨论较少。因此，在既有关于家庭资产行为与收入差距讨论的基础上，本书尝试纳入家庭负债因素，综合资产负债行为，并在社会网络视角下考察家庭金融行为对收入差距的影响。

1.3　研究内容与方法

1.3.1　研究内容

结合研究背景，本书所探讨的是社会网络视角下家庭金融行为对收入差距的影响。进一步地，结合相关文献的梳理，本书首先研究社会网络对家庭金融行为的影响。一方面，基于社会交互理论，尝试将家庭非金融资产决策引入社会效用函数，从促进互动的角度分析社会网络对家庭非金融资产行为的影响机理；另一方面，基于家庭资产组合理论，在既有包含社会网络因素的家庭资产组合模型，并分情况讨论是否考虑投资者风险偏好，从信息共享的角度分析社会网络对家庭金融资产行为的影响。进一步地，基于传统的地位寻求理论，通过分析家庭对于地位性商品的购买行为，从相互攀比的角度分析社会网络对家庭负债行为的影响；以信贷交易理论为基础，尝试拓展仅讨论债务人的包含社会网络因素的民间借贷交易模型，从隐性担保的角度分析社会网络对家庭民间借贷参与双方的影响。

其次，研究家庭金融行为对收入差距的影响。本书在既有关于家庭资产行为与收入差距讨论的基础上，尝试纳入家庭负债因素，并以此建立家庭金融行为与收入差距的两部门模型，综合资产负债来考察家庭金融行为对收入差距的影响。

再次，基于社会网络对家庭金融行为，以及家庭金融行为对收入差距的影响，尝试在社会网络视角下分析家庭金融行为对收入差距的影响，并提出相应的理论猜想。

最后，结合中国家庭金融调查（CHFS）数据库，描述和评价社会网络视角下我国社会网络影响家庭金融行为的经验事实，并运用面板回归、Probit 模型、Tobit 模型、两阶段最小二乘法等计量经济学方法，对影响机理与理论猜想进行实证检验，最终提出相应的政策建议。

1.3.2　研究方法

在研究方法方面，本书采用文献分析法、比较分析法以及实证分析法等方法。

1. 文献分析法

本书通过回顾社会网络视角下家庭金融行为影响收入差距的既有研究

成果，归纳分析出社会网络视角下家庭金融行为对收入差距的影响机理，为本书的机理分析与实证检验提供理论基础。与此同时，找出以往文献中存在的不足之处，为本书的研究方向与创新性提供新思路。

2. 比较分析法

通过收集我国家庭关于社会网络、家庭金融行为与收入差距的数据，对城乡家庭的现状和事实予以比较分析，寻找我国城乡家庭之间的差异。

3. 实证分析法

通过前期对数据的收集与整理，符合本课题的数据库主要有中国家庭金融调查数据库（CHFS）、中国家庭追踪调查数据库（CFPS）等。因此，以上述数据库为基础，通过构建相应的经济计量模型实证分析社会网络视角下中国居民家庭金融行为对收入差距的影响。

1.4　主要工作和创新

本书的创新之处主要体现在以下几个方面。

（1）通过推导社会网络影响家庭资产和负债行为的作用机理，并在实证检验中构建相应的指标，揭示了社会网络对家庭金融行为的正向影响。基于社会互动理论，建立包含家庭非金融资产决策行为的社会交互基础模型，发现社会网络能够通过促进互动对其产生正向影响；将家庭风险偏好纳入社会网络影响家庭股票市场参与的理论分析框架，并在实证检验中构建家庭风险态度指标，从信息共享角度分析了社会网络对家庭股票市场参与的正向影响机理。构建家庭地位性商品购买指标，从地位寻求视角证明社会网络对家庭负债行为的正向影响；基于信贷交易理论，将债权人引入仅包含债务人一方的社会网络与信贷交易模型，并构建"家庭借款回收率"指标，从隐性担保视角解释了社会网络对家庭民间借贷行为的促进作用。

（2）通过构建家庭金融行为与城乡收入差距的两部门模型，并在实证检验中构建了城乡居民家庭资产负债率指标，揭示了城乡家庭金融行为的差异是收入差距的影响因素之一，即城乡居民家庭金融行为差异的扩大会导致其收入差距的进一步扩大。

（3）通过分析社会网络视角下家庭金融行为对收入差距的影响机理，并运用调节效应的实证检验方法，揭示了社会网络在家庭金融行为对收入差距影响中的正向调节效应，即社会网络会扩大城乡居民家庭金融行为之间的差异，且这一作用会扩大城乡家庭金融行为差异对收入差距的正向影响。

1.5 基本架构

图1.3为本书的技术路线,反映了本书的基本架构与研究逻辑。

首先,通过梳理既有关于社会网络视角下家庭金融行为影响收入差距的文献,明确社会网络、家庭金融行为和收入差距的概念界定与指标度量,为之后的理论分析与实证分析奠定基础。在明确三者概念的基础上,回顾社会网络视角下家庭金融行为影响收入差距的相关理论,为之后推导社会网络视角下家庭金融行为对收入差距的影响机理提供理论基础。这一部分为本书第1章和第2章的前两节。

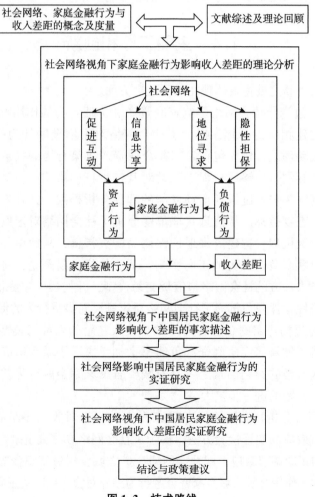

图1.3 技术路线

其次，基于社会网络视角下家庭金融行为影响收入差距的理论基础，推导社会网络视角下家庭金融行为影响收入差距的机理。具体而言，从资产和负债两个角度分析社会网络对家庭金融行为的影响，即从促进互动和信息共享角度分析社会网络对家庭资产行为的影响，从地位寻求和隐性担保角度分析社会网络对家庭负债行为的影响；综合家庭资产行为和负债行为，分析家庭金融行为影响收入差距的直接效应；结合社会网络对家庭金融行为的影响，分析在社会网络视角下家庭金融行为影响收入差距的调节效应。这一部分为本书的第2章第3节。

再次，结合中国家庭金融调查数据库，对社会网络视角下中国居民家庭金融行为与收入差距及其影响的经验事实予以描述和评价；进一步地，借助计量经济学方法，结合中国家庭金融调查数据，实证检验社会网络视角下中国居民家庭金融行为对收入差距的影响机理和理论猜想。这一部分为本书的第3章、第4章和第5章。

最后，根据理论、现状和实证分析结果提出相应的政策建议。这一部分为本书的第6章。

第2章 社会网络视角下家庭金融行为影响收入差距的理论分析

根据前文对相关文献的梳理，明确了本书所研究的对象为社会网络视角下家庭金融行为对收入差距的影响，因此本章对社会网络视角下家庭金融行为影响收入差距进行理论分析。本章共分为四部分：第一部分为社会网络、家庭金融行为与收入差距的概念界定与指标度量，第二部分为社会网络视角下家庭金融行为影响收入差距的理论回顾，第三部分为社会网络视角下家庭金融行为影响收入差距的机理分析，第四部分为本章小结。

2.1 社会网络、家庭金融行为与收入差距的概念界定及指标度量

2.1.1 社会网络的概念界定与指标度量

1. 概念界定

社会网络反映了人与人之间在交往过程中形成的较为稳定的关系体系，因其相对容易的测量方法与直接显著的影响而备受学术界的关注（郭云南等，2015）。

社会网络反映了人与人之间在交往过程中的正式与非正式关系，具体包括特定的人与人之间存在的直接关系，以及通过文化共享与物质环境而形成的间接关系（Bailey 等，2018）。最初对社会网络的探讨源于社会资本，认为社会网络是社会资本重要的内在属性，在早期关于社会资本的分析当中，Jacobs（1961）研究了城市社区的"邻居关系网络"，并在研究过程中将社会网络视为社会资本，这一方法为之后对社会资本的探讨奠定了基础。Bourdieu（1986）根据 Jacobs 对社会网络与社会资本的理解，进一步将二者相结合，提出社会资本是基于人与人之间的关系网络而形成的社会资源。Coleman（1990）则侧重于对社会资本中"资本"概念的解释，认为同人力

资本与物质资本相类似，社会资本同样具有生产性，具体体现在其不仅可以提高个人收益，而且能够作为社会重要的生产性资源，而社会网络是社会资本重要的内在属性之一，具有共享信息的功能。Putnam（1994）对前人的研究加以补充，认为除社会网络外，社会资本还包含人与人之间在交往过程中形成的规范和信任。因此，社会网络是社会资本重要的内在属性之一，反映了人与人之间在交往过程中形成的较为稳定的关系体系，在提高个人收益与解决社会生产问题方面具有一般资本和资源属性，网络中每个人自身所拥有的社会资源决定了整个网络的规模。

对社会网络另一种视角的理解则来源于 19 世纪 70 年代之后，社会学领域的学者所提出的社会网络分析。与社会资本强调"网络中每个人自身所拥有的社会资源决定网络规模"的观点不同，社会网络分析则侧重于对人与人之间关系的探讨，即社会网络是由行为人及其之间的相互关系构成的较为稳定的社会结构。Granovetter（1973）对社会网络中"关系"的关注较早，并将各种社会关系按照连接强度分为强关系和弱关系。具体而言，关系的强弱能够从互动频率、信任度、亲密程度和互惠交换四个维度测量：互动频率，互动次数多，则为强关系，反之为弱关系；信任度，信任度高则为强关系，反之为弱关系；亲密程度，关系密切则为强关系，反之为弱关系；互惠交换，经常互相帮助的为强关系，反之为弱关系。之后的学者在此基础上进一步探讨了影响社会网络关系强弱的因素，例如社会网络的结构依赖社会关系所形成的纽带。相比西方学者，我国著名社会学家费孝通比较分析了中西方社会结构差异后提出了"差序格局"的概念，认为中国的社会关系与西方不同，更倾向于以自己为中心并向外推，与自己距离的远近决定了关系的强弱。对此费孝通做了一个生动的比喻："将一块石头投入水中会激起一圈圈波纹，而人与人之间的关系正如这一圈圈波纹，每个人都是波纹的中心"（费孝通，1998）。

此外，鉴于社会网络反映了人与人之间在交往过程中形成的较为稳定的关系体系，因此会存在成员之间是否信任以及不同网络之间的关系等，部分学者基于此进一步将其拓展为社会信任以及社会结构。其中社会信任通常指大部分人的信任，具体可以定义为"在合乎社会规则和规范的前提下，个体对其他社会成员行动的期待"；社会结构则是指不同网络之间的关系，进而延伸为不同社会阶层之间的关系（蔡昉，2012）。

综上所述，社会网络既可以理解为与社会资源相关的社会资本，又可以理解为与关系强度、结构特征以及关系纽带相关的社会结构关系。因此，本书探讨广义层面的社会网络，即反映人与人之间在交往过程中形成的，与每个人具有的社会资源、人和人之间关系强度等密切相关的，以"网状"形式呈现的社会关系体系。

2. 指标度量

根据对社会网络概念的界定，在对社会网络进行度量时应侧重反映其规模与强度，目前学术界主要采用直接度量以及从网络的功能与使用角度进行度量。

早期对于社会网络的研究集中于传统的宗族网络和农村社会网络，由于这两种网络内的人群相对固定，并且人与人之间的联系依赖亲缘和地缘关系，因此部分学者在研究农村社会网络和宗族网络时直接采用网络中所包含的人口进行度量。例如，在研究农村社会网络时考虑到第一大姓人口在农村中的人口数量较大，且同姓人口之间的交往相对密切，能在一定程度上代表农村社会网络的总体特征，因此采用"第一大姓人口数量"以及"第一大姓人口占村庄总人口的比例"度量农村社会网络规模，人口数量越大或人口比例越高，网络规模越大。关于宗族网络，一方面，同农村社会网络相似，同一姓氏宗族网络内的成员之间交往相对稳定，因此利用"姓氏宗族的人口数量""姓氏宗族的人口占比"等指标度量；另一方面，鉴于部分规模较大的宗族通常会设立祠堂、家谱，或定期举办宗族内部的活动以增加宗族内部的凝聚力，因此部分学者利用"是否存在正式的宗族组织""宗族是否存在祠堂或家谱"等指标衡量宗族网络（阮荣平等，2013；洪名勇等，2021；赵斌斌等，2021）。上述利用网络所包含人口规模直接度量社会网络具有一定优势，例如第一大姓人口规模能够间接反映网络规模，宗族修建祠堂往往是历史事件，因而出现内生性问题的概率较低，且祠堂和家谱的修建更能体现网络的强度（董静等，2019）。但此方法存在一定缺陷：一方面，人口规模侧重于数量，忽视了社会网络中不同成员之间关系的强弱；另一方面，"第一大姓人口""姓氏宗族"等的调查取样难度较大，在数据获取方面存在缺陷。

考虑到直接度量社会网络所存在的问题，并且随着农村和城市界限的不断模糊，城乡之间人口流动愈加频繁，部分学者尝试从社会网络的功能和社会行为角度出发，基于人与人之间的相互联系对其进行度量。鉴于红白喜事体现了中国人情社会的主要特征，并且红白喜事中邀请或被邀请反映了人与人之间的相互关联，因此部分学者尝试从红白喜事角度对社会网络予以度量。由于人们在参加或举办红白喜事时通常会"随份子钱"，故利用"红白礼金收支金额"或"红白礼金收支占收入的比重"度量社会网络，通常情况下红白礼金支出的高低体现了关系的远近，因此红白礼金支出与社会网络具有相关关系，同时红白礼金上的往来还具有维持社会网络的作用（马光荣等，2011；杨阳等，2018；尹志超等，2021）。部分学者基于人与人之间联系方式的角度，对社会网络予以度量，认为网络中交往密切的人会在平常通过电话相互联系，故利用"通信费用支出"或"通信费用支出占收入的比重"衡量社会网络；除利用电话进行联系外，日常与他人的交往还体现在亲自登门拜访，在登门拜访过程中会产生一定的交通费用，因此部分学者利用"本地交通费用支出"衡量社会网络；交往相对密切的人会在节假日探亲、与亲朋好友结伴出行或参与文娱活动，因此利用"节假日探亲收支""文化娱乐支出"等衡量社会网络。此外，日常交往不仅体现在以亲朋好友为基础的"亲缘"关系，工作同事间因交往形成的"业缘"关系同样反映了社会网络的特征，因此利用"工作中是否获得同事帮助""找工作时能够提供帮助的人数"等衡量网络中的同事关系（卢娟等，2018；王书华等，2020）。功能和社会行为角度虽然在一定程度上弥补了直接度量社会网络存在的问题，但依然存在一些缺陷：通过社会行为度量社会网络，在调查取样过程中具有一定的主观性；由于亲朋好友间礼金支出受家庭背景、户主性格等诸多因素影响，而上述因素无法直接测量，因此在估计过程中可能会存在遗漏变量问题；社会网络的强度和规模在一定程度上与其功能和社会行为之间可能存在双向因果关系，例如，在研究社会网络与家庭收入时，收入较低的家庭希望通过社会网络提高其收入水平，而不可忽视的是，收入水平较高的家庭构建社会网络的能力更强（郭云南等，2015）。

综上所述，既有文献主要从两个角度对社会网络予以度量，即直接度量其规模和强度，通过考察具有某一相同特征的人口数量衡量社会网络；以及侧重其功能和社会行为，通过考察人与人之间相互关联的方式衡量社会网络。二者各有利弊，前者侧重数量而忽略了联系，且数据取样难度较大；后者侧重网络中人们的社会行为与网络本身的功能，但存在客观性较差、遗漏变量与互为因果等内生性问题。考虑到数据的可得性以及能够通过一些方法减弱内生性对估计结果的影响，因此本书在分析社会网络视角下家庭金融行为影响收入差距时选取后者，即从网络本身的功能以及社会行为的角度，利用"红白礼金收支""通信费用支出""本地交通费用支出""节假日探亲收支""文化娱乐支出"等对社会网络予以度量。

2.1.2 家庭金融行为的概念界定与指标度量

1. 概念界定

界定家庭金融行为的概念，首先要明确金融以及行为是什么。关于金融，根据黄达在《金融学》教材中的解释，金融是指"货币的发行、流通与回笼，贷款的发放和收回，存款的存入和提取、汇兑的往来等经济活动"，可以看出金融所研究的是货币资金的流通；此外，根据《新帕尔格雷夫经济学大辞典》中关于金融的解释，即金融是指资本市场的运营，资产的供给与定价。因此，根据中西方关于金融的定义，金融是指对资金的经营和管理。关于行为，根据《现代汉语规范词典》中对于"行为"的解释，行为是指行为人有目的性的活动。将金融与行为的概念相结合，金融行为则特指与资金经营和管理相关的行为，包含资金的获得与资金的运作等。按照资金管理主体的不同，金融行为可以进一步分为公司金融行为和家庭金融行为，公司金融行为指的是包含公司筹资以及投资在内的，对营运资金的管理行为。基于行为、金融行为与公司金融行为的概念，结合家庭日常主要通过配置各项不动产，或通过金融机构购买各类金融产品实现对家庭资金的经营与管理，因此家庭金融行为指的是包含家庭筹资与投资在内的，对家庭各项资金的管理行为。

基于上述关于家庭金融行为的论述，可以认为家庭金融行为是家庭对日常资金进行管理的行为。鉴于家庭资金与家庭收入密切相关，因此会出现两种情况，即家庭收入能够覆盖日常开销，以及短期内收入能够勉强覆盖，甚至无法覆盖日常开销。当家庭处于第一种情况时，会将除日常开销之外的闲余资金以现金形式持有、以储蓄形式存放于银行或购买银行理财产品、购买股票和债券等金融产品以谋求超额收益，或进行固定资产投资（聂雅丰等，2021）；当家庭处于第二种情况时，则会通过向银行申请贷款或向亲朋好友借钱的方式平滑当前的消费，并在之后还本付息（吴锟，2016）。鉴于上述两种情况，家庭在第一种情况下将收入中的部分资金转换为固定或金融资产，因此可以认为是家庭的资产行为；在第二种情况下，家庭通过将未来的收入用于现在以平滑当前的消费，是典型的家庭借贷行为，也称负债行为。结合上述家庭的两种行为，以及李扬等在其著作《中国国家资产负债表》中关于家庭部门资产负债表的设定，可以从家庭资产行为和家庭负债行为考察家庭金融行为。

家庭资产行为，即与家庭资产选择有关的行为，包含家庭对各项资产的持有以及配置,家庭资产持有是指家庭是否持有某项资产,家庭资产配置则是家庭将资金分配于不同资产的金额及比例(聂瑞华,2018)。家庭资产包含的内容较多,可以按资产性质将其分为家庭金融资产与家庭非金融资产,其中金融资产包含银行存款、股票、基金、债券、理财产品、黄金、各类保险产品以及现金,家庭非金融资产包含房屋、汽车、农业和工商业资产、其他非金融资产等(李江一等,2015)。相比于家庭非金融资产,家庭金融资产更受学术界的关注,主要集中于对家庭金融市场参与行为的探讨(李洁等,2021)。

家庭负债行为,即与家庭资金借贷相关的行为,在早期宏观经济学领域对跨期选择模型的研究中,通常将家庭负债视作实现效用最大化而对消费进行平滑的手段。具体而言,家庭在起步阶段的收入水平较低,但对于房屋、汽车、医疗以及子女教育等消费需求相对迫切,此时可以通过负债的方式增加当期消费;随着收入水平的逐渐提高,家庭可以将部分收入用于消费,其余部分用于归还上一期债务的同时为未来的消费积累资金,因此可以认为家庭通过负债增加当期消费以实现这个生命周期效用的最大化,即家庭负债是为平滑消费而采取的理性行为。对于现代社会,家庭在进行负债时通常有两种渠道,即通过银行等正规金融机构申请贷款,以及向亲戚朋友或民间借款公司借钱,前者存在有形抵押物和正规申请审批流程,因此风险较低,而后者缺乏有形抵押物以及相应的监管,则风险较高。因此,将通过银行等正规金融机构申请贷款定义为家庭正规负债渠道,将亲戚朋友或民间借款公司借钱定义为家庭非正规负债渠道,也称为家庭民间借贷。

综上所述,基于对金融、行为、金融行为等概念的权威解释,将家庭金融行为定义为包含家庭筹资与投资在内的,对家庭各项资金的管理行为;结合家庭日常对其资金的处理方式,以及家庭部门资产负债表的设定,分别从家庭资产行为和家庭负债行为两个角度考察家庭金融行为。进一步地,根据资产的性质,将家庭资产行为分为家庭金融资产行为与家庭非金融资产行为;根据负债的渠道,将家庭负债行为分为家庭正规负债行为与家庭民间借贷行为。

2. 指标度量

结合前文关于家庭金融行为概念的界定,即家庭各项资金的管理行为,并分别从资产和负债两个角度考察,因此对于家庭金融行为指标的度量也围绕其概念展开。

家庭资产包含的内容较多，可以按资产性质将其分为家庭金融资产与家庭非金融资产，其中家庭金融资产包含银行存款、股票、基金、债券、理财产品、黄金、各类保险产品以及现金，家庭非金融资产包含房屋、汽车、农业和工商业资产、其他非金融资产等。家庭负债包含的内容也很多，例如房屋、汽车、消费、教育、医疗等，根据本书的研究目标以及分析的简便，分渠道考察家庭负债行为，将通过银行等正规金融机构申请贷款定义为家庭正规负债渠道，将向亲戚朋友或民间借款公司借钱等定义为家庭非正规负债渠道，也称为家庭民间借贷。因此，家庭金融行为可以表示为：

$$
\text{家庭金融行为}\begin{cases}\text{家庭资产行为}\begin{cases}\text{家庭金融资产行为}\\\text{家庭非金融资产行为}\end{cases}\\\text{家庭负债行为}\begin{cases}\text{家庭正规负债行为}\\\text{家庭非正规负债行为}\end{cases}\end{cases}
$$

其中

$$
\text{家庭金融资产行为}\begin{cases}\text{居民将款项以活期、定期的形式存入银行}\\\text{居民购买股票、债券、基金、黄金}\\\text{居民购买各类理财产品、保险产品以及其他金融产品}\\\text{居民持有现金}\end{cases}
$$

$$
\text{家庭非金融资产行为}\begin{cases}\text{居民购买房屋、汽车}\\\text{居民购买农业和工商业资产}\\\text{居民购买其他非金融资产}\end{cases}
$$

家庭正规负债行为：居民通过银行获得贷款

家庭非正规负债行为（民间借贷行为）：居民不通过银行获得借款

部分学者进一步利用家庭资产负债率，即家庭负债金额与资产金额之比，以考察资产负债对家庭的综合影响，相比家庭资产或家庭负债，家庭资产负债率能够更全面地考察家庭资产和负债行为（李扬等，2013；李扬等，2015；李扬等，2018）。

此外，无论是家庭资产行为或家庭负债行为，既有文献均从参与和规模两个角度对其进行度量，参与是指家庭是否拥有某项资产或负债，规模是指家庭拥有某项资产或负债的金额是多少（吴卫星等，2011；肖作平等，2012；王聪等，2012；尹志超等，2014；吴卫星等，2016）。是否持有某项资产体现了家庭是否参与了该项资产对应的市场，而持有某项资产的金额则表示家庭对于该项资产对应市场的参与程度，例如持有股票则说明家庭参与了股票市场，而持有一定金额的股票数量越多，则说明家庭参与股票市场的程度越高（吴卫星等，2014）。这也同样可以解释家庭负债行为，但在界定家庭负债行为的概念时还考虑了不同渠道，因此探讨负债渠道的参与和规模还能够体现不同家庭负债行为的差异，例如 A 地区家庭通过正规渠道进行负债的规模大于 B 地区家庭，则可以说明 A 地区家庭倾向于通过正规负债渠道满足其借款需求，而 B 地区家庭则对于民间借贷更加青睐（吴卫星等，2013）。

综上所述，结合前文关于家庭金融行为概念的界定，即家庭各项资金的管理行为，并分别从资产和负债两个角度考察家庭金融行为。按资产性质将其分为家庭金融资产行为与家庭非金融资产行为，其中金融资产包含银行存款、股票、基金、债券、理财产品、黄金、各类保险产品以及现金等，非金融资产包含房屋、汽车、农业和工商业资产、其他非金融资产等，家庭资产行为则表示对上述各项金融资产和非金融资产的购买行为；将负债按渠道可分为家庭正规负债行为与家庭民间借贷行为，其中家庭正规负债行为是指通过各类银行获得贷款，而民间借贷行为是指不通过银行获得借款。利用家庭资产负债率，即家庭负债规模与资产规模之比，以考察资产负债对家庭的综合影响。关于家庭资产和负债行为，既有文献均从参与和规模两个角度对其进行度量，参与是指家庭是否拥有某项资产或负债，规模是指家庭拥有某项资产或负债的金额是多少。因此，根据家庭金融行为指标的度量，后文在分析社会网络对家庭金融行为的影响时将其分为资产和负债，并分别从参与和规模两个角度考察；在分析社会网络视角下家庭金融行为对收入差距的影响时采用资产负债率以综合考察。

2.1.3　收入差距的概念界定与指标度量

1. 概念界定

界定收入差距的概念，首先要明确什么是收入。本书所探讨的收入指个人收入，也称居民收入，是指每个社会成员在一定时期内货币和实物流入的总称。因此，收入差距在经济学中的含义为一国居民在一定时期收入间的差别。按照收入所属群体的差异，收入差距可以分为城乡收入差距、区域收入差距、行业收入差距以及居民收入差距（田卫民等，2013）；按照是否具有量纲，收入差距又可以分为绝对收入差距与相对收入差距。绝对收入差距是以实物或货币表示，由于居民不同的收入水平而导致的差异，利用实物和货币表示便是绝对收入差距具有的量纲，因此利用绝对收入差距衡量一个国家或地区的收入是否存在不平等时，即使收入分配不变，收入差距也会随着衡量收入单位的不同而变化。相比绝对收入差距，相对收入差距则是利用居民收入的相对份额或收入占比衡量，因此不具有量纲性，学术界所探讨的收入差距一般指相对收入差距。

提及收入差距，通常绕不开收入分配的概念。收入分配是指社会中的成员在某一段时间范围内以何种方式以及何种数量来占有社会经济活动各种成果。学术界通常从功能和规模两个角度探讨收入分配，功能角度侧重于收入在不同生产要素之间的分配，而规模角度则侧重于收入在家庭或个人之间的分配。基于此，一方面，可以看出收入分配不等同于收入差距，收入分配所关注的是分配收入的过程，而收入差距则是关注分配的结果，即收入分配的平等与否，因此收入分配方式的选择能够对收入差距产生影响；另一方面，收入差距能够反作用于收入分配，适度的收入差距对社会成员的生产积极性具有正向影响，但过度的收入差距则会导致生产效率下降，甚至会威胁社会稳定，因此能够根据收入差距适当调整收入分配的方式。此外，收入不平等也经常出现于对收入差距的研究当中，与收入分配类似，国外学者将收入差距与收入不平等视为两个概念，即收入不平等是指收入分配方式的不平等，进而不平等的收入分配方式是导致收入差距产生的原因。而为了简化分析过程，国内学者通常将收入不平等和收入差距均视为收入分配的结果。

综上所述，既有文献在收入概念的基础上定义了收入差距，并以所属群体以及是否具有量纲为标准对其加以划分，最后明确了收入差距与收入分配、收入不平等概念间的区别与联系。结合研究对象的特殊性，本书所探讨的收入是指我国居民所在家庭的收入水平，因此收入差距是指我国不同家庭收入水平之间所呈现的差别。

2. 指标度量

基于对收入差距概念的界定，既有文献基本通过相对收入差距，即利用居民收入的相对份额或收入占比衡量。Pareto（1895）最早将收入差距视为一个变量并尝试推导对应的统计函数，结合适当的统计工具和方法，从规模收入分配的角度度量收入差距，最后绘制出对数曲线，将统计方法应用于对收入差距的分析当中，对日后收入差距的度量作出了重要贡献。Lorenz（1905）受 Pareto 的启发，深入分析了对数曲线并予以修正，得到了著名的"洛伦兹曲线"。

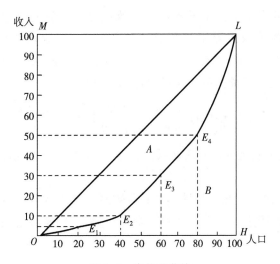

图 2.1　洛伦兹曲线

图 2.1 为洛伦兹曲线，图中横轴表示人口百分比的累计值，纵轴表示收入百分比的累计值，曲线 *OL* 为洛伦兹曲线。曲线 *OL* 的弯曲程度越大，表示收入差距越大；反之，曲线 *OL* 的弯曲程度越小，则表示收入差距越小。

美国经济学家阿尔伯特·赫希曼根据洛伦兹曲线于 1943 年提出了著名的基尼系数。假设直线 *OL* 为收入分配绝对平等曲线，曲线 *OL* 为实际收入分配曲线，实际收入分配曲线 *OL* 与收入分配绝对平等曲线 *OL* 之间的面积为 *A*，实际收入分配曲线 *OL* 右下角的面积为 *B*，令 *A*/(*A* + *B*) 表示收入不平等程度。如果 *A* = 0，则 *A*/(*A* + *B*) = 0，即基尼系数为 0，收入绝对平等；反之，如果 *B* = 0，则 *A*/(*A* + *B*) = 1，即基尼系数为 1，收入绝对不平等。简言之，基尼系数的取值介于 0~1，数值越大，则收入不平等程度越大，收入差距越大，国际上通常将 0.4 作为"警戒线"。进一步给出基尼系数的数学表达式：

$$Gini = \frac{1}{2n^2 \bar{Y}} \sum_{i=1}^{n} \sum_{j=1}^{n} |Y_i - Y_j| \tag{2.1}$$

$$Gini = 1 - 2\int_0^1 Q(p)\,\mathrm{d}p = 2\int_0^1 [p - Q(p)]\,\mathrm{d}p \tag{2.2}$$

式（2.1）和式（2.2）分别表示收入分布为离散和连续状态下的基尼系数，式（2.1）中 $\bar{Y}$ 表示所计算样本的平均收入，n 为样本个数，Y_i 与 Y_j 分别表示第 i 个和第 j 个样本的收入；式（2.2）中的 p 为人口比例，$Q(p)$ 是关于 p 的收入函数。

基尼系数的提出得到了学术界的一致认可，之后的学者在此基础上尝试从新的角度探索收入差距的度量方法。Theil（1967）受信息论中"熵"的启发，认为可以利用"熵"衡量收入差距，因此依据"熵"的概念提出了"广义熵"指数。离散的广义熵指数的计算公式为

$$GE(\theta) = \frac{1}{\theta^2 - \theta} \left[\frac{1}{n} \sum_{i=1}^{n} \left(\frac{Y_i}{\bar{Y}} \right) \right] \tag{2.3}$$

其中，θ 表示收入差距的厌恶系数，θ 的数值越小，则对收入差距的厌恶程度越大。

Atkinson（1970）在分析社会福利函数时尝试引入收入差距，推导出了人们对于收入差距主观感受的"阿特金森指数"。阿特金森指数的数学表达式为

$$Atkinson_\varepsilon = 1 - \left[\frac{1}{n} \sum_{i=1}^{n} \left(\frac{Y_i}{\bar{Y}} \right)^{1-\varepsilon} \right]^{\frac{1}{1-\varepsilon}} \tag{2.4}$$

$$Atkinson_\varepsilon = \begin{cases} 1 - \dfrac{\left[\int_0^1 Q(p)^{(1-\varepsilon)} \, \mathrm{d}p \right]^{\frac{1}{1-\varepsilon}}}{\mu}, & \varepsilon \neq 1 \\[4mm] 1 - \dfrac{\exp\left[\int_0^1 \ln Q(p) \, \mathrm{d}p \right]}{\mu}, & \varepsilon = 1 \end{cases} \tag{2.5}$$

式（2.4）和式（2.5）分别表示收入分布为离散和连续状态下的阿特金森指数，其中 ε 表示取值介于 0 到 1，对收入差距的厌恶系数。阿特金森指数的取值同样介于 0 到 1，0 表示收入分配完全平等，1 表示收入分配完全不平等，并与 ε 呈正相关。

Cowell（2011）在分析两部门模型时发现，利用基尼系数度量两个经济体之间的收入差距时须将总人口按收入水平划分阶层，无法体现两个经济体之间的差异，因此 Cowell 对广义熵指数进行改进，即利用 Theil 指数度量两个经济体之间的收入差距。Theil 指数的计算方法为

$$Theil_t = \sum_{j=1}^{2} \left(\frac{I_{jt}}{I_t} \right) \ln\left(\frac{I_{jt}}{I_t} \bigg/ \frac{P_{jt}}{P_t} \right) = \left(\frac{I_{1t}}{I_t} \right) \ln\left(\frac{I_{1t}}{I_t} \bigg/ \frac{P_{1t}}{P_t} \right) + \left(\frac{I_{1t}}{I_t} \right) \ln\left(\frac{I_{1t}}{I_t} \bigg/ \frac{P_{1t}}{P_t} \right)$$

$$\tag{2.6}$$

其中，$j = 1$，2 分别表示两个经济体，P_{jt} 和 I_{jt} 分别表示两个经济体的人口数量和收入水平，P_t 和 I_t 分别表示总人口数量和总收入水平。

Theil 指数为国内学者衡量城乡收入差距提供了方法。此外，城乡收入之比和城乡收入之差也多用于城乡收入差距的衡量。顾名思义，城乡收入之比为城镇居民可支配收入与农村居民可支配收入之比，城乡收入之差为城镇居民可支配收入与农村居民可支配收入之差，其中城乡收入之比的使用更为广泛。

综上所述，既有文献中不乏对收入差距的度量方法，基尼系数、广义熵指数、阿特金森指数等均在对收入差距的度量中被广泛应用，Theil 指数、城乡收入之比和城乡收入之差也为国内度量城乡收入差距提供了方法。因此，本书对于收入差距指标的度量将参考上述方法，具体根据后文的分析需要进行选择。

2.2　社会网络视角下家庭金融行为影响收入差距的理论回顾

在对社会网络、家庭金融行为与收入差距的相关概念和指标选取予以界定之后，以此为基础进一步回顾社会网络视角下家庭金融行为影响收入差距的相关理论，为之后的机理分析奠定理论基础。

2.2.1　社会网络理论

早期的社会网络理论源于 20 世纪 30 年代所产生的社会网络分析（SNA），本质上是基于心理学、人类学等理论背景，借助数学模型分析个体与个体、个体与个体所处社会网络，以及不同社会网络之间关系的分析方法。直到 20 世纪中期，社会网络的研究才逐渐延伸至社会学领域，社会网络理论的研究和应用也在 20 世纪 60 年代之后取得了较为丰硕的成果。

1. 强弱关系理论

强弱关系理论最初由美国社会学家格兰诺维特提出，其研究发现，美国大约三分之二的好工作并非通过正式渠道申请，而是通过人际关系获得。因此，如果将社会中各种人际关系按照连接的强度划分，可以大致分为强关系和弱关系两类，可以从互动频率、信任度、亲密程度以及互惠交换四个维度来测度关系的强弱。互动的次数多就是强关系，反之则为弱关系；信任度高为强关系，反之则为弱关系；关系密切为强关系，反之则为弱关系；经常互相帮助的为强关系，反之则为弱关系。格兰诺维特基于信息传递的角度阐述了弱关系在人们生活中所起的作用更大，原因在于处于弱关系中的两个人社交圈的重叠度较低，相互传递的信息量较大；如果两人为强关系，朋友圈的重叠度较高，相互之间传递的可用信息较少，因此弱关系的真正价值在于将不同社交圈相连接，从圈外向圈内传递有价值的信息。格兰诺维特进一步解释道，强关系和弱关系与人们日常交流的次数相去甚远，处于强关系中的人们之间交流的信息量要远大于弱关系，因此来自弱关系的信息总量可能远不及强关系，但弱关系的价值体现在其所传递的有价值信息的比例更大。因此，格兰诺维特认定弱关系在日常生活中能够充当"信息桥"的角色。

基于格兰诺维特的分析，华人社会学家边燕杰同样于1988年做了一项关于找工作方面的调查，对调查结果分析后发现，在中国找工作大多依赖强关系，而非弱关系，恰好相悖于格兰诺维特的研究结论。边燕杰就此给出了合理的解释，造成这一现象的原因在于当时的中国劳动力市场尚不健全，找工作的主要方式为毕业包分配。在此情况下，社会关系的作用是得到工作分配主管部门领导的照顾，而非获取就业信息，即社会关系由"信息桥"变成了人情交换网，决定工作以及相关资源分配的不是求职者与相关职位匹配度的高低，而是掌握实权的人物与求职者亲密程度的高低。这种资源分配模式背后的逻辑是基于"影响力"的强关系逻辑，而非能够带来"有价值信息"的弱关系逻辑，虽然求职者有时与雇主之间并不认识，但中间介绍人因与两者都是强关系而在其中充当了"人情桥"的作用。

由此可以看出，华人学者的发现与西方学者的理论并不矛盾，甚至由于华人学者的发现加深了相关领域内关于弱关系理论的理解，因此可以概括为"强关系传递有效影响，弱关系传递有效信息"。基于此，之后又衍生出了"三度影响力"，强调了人与人之间相互影响的重要性，原因在于人和人之间具有强烈的模仿倾向，而这种倾向在很大程度上是无意识的、不受理性控制的，甚至连情绪和行为都会传染。

2. 结构洞理论

自弱关系理论提出之后，众多学者探讨了弱关系在传递信息方面所起的作用，并在研究中发现弱关系之间会由于主观或客观原因而存在一定的隔阂，进而对资源和信息在不同群体之间的传递产生负面影响。因此，美国芝加哥大学教授罗纳德·伯特通过研究公司内部员工的竞争与升迁，创新性地提出了结构洞理论，如图2.2所示，认为如果两个圈子之间没有直接的联系，就像网络结构中的不同节点群之间存在一个空洞，这个空洞可以称为"结构洞"，而能够将没有直接联系的圈子相连接的中间人便占据了"结构洞"的位置，从而在网络中充当了"搭桥者"的作用。

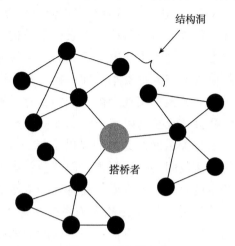

图 2.2　结构洞示意

伯特研究发现"结构洞"的充裕程度和公司内部员工的竞争与升迁存在直接关系，如果一家公司的中层经理所处的结构洞越多，他被提拔的概率就越大。伯特对另一位工程师样本进行分析后发现，员工的绩效评价与其中间联系人所处的层级、部门、办公区域以及公司组织之间存在密切联系，并且该联系人的跨度越大，绩效评价越高。伯特对此给予了进一步说明，造成此结果的原因在于结构洞首先能够带来信息的先发优势，占据结构洞的搭桥者能够促使不存在直接关系的群体之间产生联系，如果其中一个群体存在利好信息，处于结构洞的人则会较其他群体更早获得该信息，从而占据先机，借机获利；较其他群体而言，占据结构洞的搭桥者获取信息渠道的多元化、异质性程度更高，信息来源更具多样性，因此能够获得更前沿、有价值的信息，这些信息在提高绩效考评、促进科研和产品创新方面具有显著的促进作用；结构洞还能将其带来的信息优势转化为控制优势，提升搭桥者在网络中的权重和地位，使其在网络中发挥重要作用。

因此，伯特关于结构洞理论的分析对格兰诺维特所提出的弱关系理论进行了进一步拓展，后者阐述了弱关系所产生的一般效应，而前者则对产生这一效应的内在作用机制进行了深入分析。伯特与格兰诺维特都将社会结构视作关系网络进而分析社会网络对个体经济活动所产生的影响，均属于网络分析领域的分支，并侧重于说明异质性在关系网络中的作用。

3. 社会资本理论

社会网络作为反映社会资本内在属性的重要内容之一，本身具备资本的内在属性，因此早在20世纪80年代社会资本便被视为基于人与人之间的关系网络而形成的社会资源，而美国社会学家科尔曼进一步将个人所拥有的、以社会结构资源为特征的资本或财产定义为社会资本。科尔曼认为与经济学中所讨论的物质资本与人力资本一样，社会资本同样可以视为一种禀赋，并且可以通过后天的投资实现个体自身的目标，解决生活中集体行动等问题。杜克大学社会学教授林南基于科尔曼的思想与社会资源论提出了社会资本论，认为社会关系网络为人们提供了诸如权利、地位、声望以及财富等社会资源的直接或间接获取渠道，而社会资本即为在社会网络中依托各种社会关系获得的资源。一方面，拥有社会资本的个体可以通过投资相对价值较高的社会关系，进而在社会关系的指导下行动以获得收益，社会地位和声望会随之提高；另一方面，一个人所处的社会阶层也能够对其社会资源的获取和使用造成影响。简言之，善于通过关系网络获取社会资源并对其加以有效利用的人会获得相对较高的社会地位。

此外，林南基于社会资本理论与弱关系理论，提出了关系强度与地位强度假设，认为一个人获取社会资源的能力与其所处社会网络的异质性、与其他成员间弱关系网络的规模以及自身的社会地位具有密切关系。社会网络异质性程度越高，获得的信息便更具多元化，相对价值较高的信息越多，能够成功获得社会资源的概率便会相应提高；与其他成员的弱关系网络规模越大，通过弱关系连接的处于不同社会地位、不同行业的人就越多，不同社会资源的获取渠道就会越广，弱关系网络在其中不仅能够实现信息的传递与沟通，还能够促使不同成员间资源的租借、共享与使用，因此能够获取的社会资源就越多；个体的社会地位越高，其相应的社会声望以及自身所具有的社会资源禀赋就越多，进而可以通过交换获得更多社会资源的可能性就越大。

4. 社会互动理论

从经济学视角对社会互动的分析起始于美国经济学家托斯丹·邦德·凡勃伦在其《有闲阶级论》一书中对于"炫耀性消费"的讨论，凡勃伦将加拿大经济学家约翰·雷基于虚荣心视角下对奢侈品效用和性质的研究引入经济学研究框架，从而对于消费行为给予新的解释。炫耀性消费的目的并不是为了满足自身需求，而是为了获取更高的社会地位或显示自身财富水平而进行的消费活动，其实质是不同社会群体之间的消费行为能够相互影响。之后部分学者将为了显示自身社会地位或财富水平而愿意为具有相同功能的商品支付更高价格的现象称为"凡勃伦效应"。"凡勃伦效应"凭借其能够利用价格衡量等易于处理的优势成为"炫耀性消费"的同义词。

"炫耀性消费"假说的提出引起了学术界关于社会因素对消费行为影响的探讨,但随着 20 世纪 20 年代之后的经济学研究趋于数理模型与量化分析,社会因素与消费行为便逐渐淡出主流经济学的研究视角,直到美国经济学家杜森贝里的《收入、储蓄和消费者行为理论》一书出版之后,经济学界才开始重新审视社会因素对于消费行为的影响。杜森贝里于书中对凯恩斯提出"个体的消费行为主要取决于其收入水平"这一观点,即"绝对收入假说"提出质疑,认为每个人的消费行为并不是独立的,并且消费关系会随时间而逐渐变化。杜森贝里指出在实际生活中,每个人的消费行为并非完全依赖个体自身的理性选择,而是在不断学习中形成,甚至可以理解为养成一种消费习惯,当个体观察到群体中其他成员购买了质量更好且价格更高的商品时便不满于自身的消费现状,而社会中日益盛行的炫耀性消费风气则会加剧这一现象,使个体之间消费行为的相互影响变得更加容易。杜森贝里将这一现象命名为"示范效应"。相比于凯恩斯的绝对收入,杜森贝里侧重于解释消费给个体带来的效用不仅取决于自身的消费支出,还与其所在群体的平均消费水平有关,因此可以理解为是一种"相对收入假说"。

作为经济学帝国主义的代表,美国芝加哥大学经济学教授加里·贝克尔很早就开始关注社会互动理论,通过将周围联系较为紧密的亲戚、朋友、邻居以及同事的个人特征引入个体效用函数以分析歧视行为,并发现个体的效用水平会受到周围人的影响。贝克尔认为现代经济学在分析个体行为时忽略了社会互动的影响,人作为一种社会动物,在日常社会交往中的个体行为会相互影响,例如青少年的抽烟行为会受到其同龄人的影响,父母对待子女的方式取决于周围其他父母对待子女的方式,穿衣打扮会参考当时的流行时尚等,可以看出社会互动因素对于个体行为的影响普遍且广泛。因此贝克尔在分析个体决策时将社会互动因素考虑在内,并假定个体决策行为不受个人资本的影响,将社会互动和商品消费之间视为互补关系,这种互补关系意味着社会互动能够增加消费需求,即社会互动的提高会增加商品消费给消费者带来的边际效用。贝克尔对社会互动的讨论促使经济学界意识到个体对其自身决策的控制力会因为处于群体之中而减弱,将社会互动因素引入个体效用函数的方法为之后 Blume(1993)和 Brock 等

（2001）构建社会交互模型奠定了基础。

5. 地位寻求理论

凡勃伦在其著作《有闲阶级论》中提出的"炫耀性消费"，为之后地位寻求理论的探讨奠定了基础，传统经济学理论的假设是基于每个人是理性的，目标是追求个人利益的最大化，即"逐利"；而地位寻求理论的假设则是基于居于群体中的个体间会存在相互攀比，热衷于追求更高的社会地位，即"争名"。前文中的"社会互动理论"侧重于探讨个体间决策和行为的相互影响，而地位寻求理论则更倾向于解释低收入水平、低社会阶层向高收入水平、高社会阶层的模仿行为，因此地位寻求也经常被称为"攀比效应"。

关于地位寻求理论，美国经济学家罗伯特·弗兰克无疑具有一定发言权，用了将近三十年的时间论述地位寻求理论的内涵及其批判性思想。弗兰克认为消费品本身具有炫耀功能，利用不同种类的商品炫耀所产生的效应也存在差异，并可以根据炫耀效应的大小将消费品分为地位性商品和非地位性商品，将地位性商品的消费定义为地位性支出，非地位性商品的消费定义为非地位性支出。弗兰克基于达尔文进化论，即物种所占有的资源与其自身的繁殖能力呈正相关，对地位的追求是哺乳动物的天性。在分析攀比效应下行为人的消费行为时发现，为了寻求地位的进一步提高，人们会逐渐将资源由非地位性商品转向地位性商品，并且这一效应会产生强烈的负外部性，原因在于对地位性商品的消费能够促使人们之间产生一种消费竞争机制，而竞争机制的存在会减少消费者在商品消费中获得的效用，并且降低消费者的福利水平，从而引发个体效用与社会福利之间出现矛盾，引发负的外部性。弗兰克通过一个面试的例子阐述了地位寻求所带来的负外部性的危害。假设一个穿着考究的求职者参加面试，那么面试官对于其他未曾考虑着装的求职者的印象就会下降，因此对于求职者而言，其最优策略则是将精力和资源转移至穿衣着装以提升面试官的第一印象，然而所有求职者采取这一行动的代价则是提高了所有人穿衣成本，但却没有改变每个求职者通过面试的概率，因此可以认为是无效率的。这个例子形象地诠释了由地位寻求引发的消费竞争机制会促使人们进行大量的地位性消费，但是忽略了对于非地位性商品的投入。弗兰克多次在文章中表达了对地位寻求引发的地位性消费的批判，认为地位性消费会降低社会福利，甚至会导致市场失灵。因此，弗兰克倡导政府予以干预，通过对地位性商品征收累进消费税的方式进行缓解。

2.2.2　家庭资产组合理论

家庭资产组合理论基于资产的风险和收益，对家庭是否参与市场以及家庭各资产占总资产的比重进行探讨，美国经济学家马科维茨最早通过均值方差模型构建了家庭投资组合的分析框架，为之后家庭资产组合理论的发展奠定了基础，假设投资者是风险厌恶的，其投资目标是在风险一定的条件下达到收益最大化，或在收益一定的条件下保证风险最小化，那么投资者则会根据过去的经验判断资产未来收益和风险的变动，最终构建相应的有效边界并进行投资组合的构建。另一位美国经济学家托宾则在投资组合有效边界的基础上提出无风险资产的概念，并放宽了家庭投资组合分析框架的假设，提出了著名的两基金分离定律，认为当市场处于均衡状态下，有效边界上任意两个分离的点，即不同的市场组合的线性函数构成了投资者的有效组合。换言之，投资者对待风险的态度并不会对其最有效风险组合造成影响。投资者在选择投资组合时可以首先让风险资产的组合达到最优，之后再加入无风险资产并调整两种资产的配比。马科维茨和托宾将局部均衡逐渐拓展为一般均衡，为之后资本资产定价模型（CAPM）的建立奠定了基础。美国经济学家夏普从市场的角度考察了资产组合收益与风险的一般均衡特征，将市场中的风险分为系统性风险与非系统性风险，系统性风险是因某种原因而给市场中所有证券带来损失的可能性，非系统性风险则只会给个别证券带来损失，投资者在有效边界上的投资组合只能在一定程度上分散非系统性风险，而无法分散系统性风险，因此系统性风险的存在便构成了风险资产的风险溢价。

传统的资产组合模型在一定程度上解释了家庭的投资行为，但模型仅考虑一期与静态的假设使其无法解决投资者未来可能出现的因素对当期投资决策的影响，因此美国哈佛大学商学院教授莫顿与美国经济学家萨缪尔森通过对传统的家庭资产组合模型进行改进，将其单期静态的假设条件扩展为多期动态，利用动态最优化方法研究了投资者跨期条件下的消费与投资行为，建立了长期动态资产组合模型，认为投资者为实现财富增值，应以风险偏好为依据将其一部分资金用于风险资产的投资。Campbell 等（2002）据此考虑了在家庭消费效用最大化的目标下进行消费和资产选择，构建了家庭资产配置的一般化分析框架。传统与长期动态资产组合虽然很好地解释了家庭的投资行为，但现实情况表明家庭并没有听取经济学家的建议配置风险资产，甚至没有进行配置投资组合，这一现象说明家庭存在风险资产的"有限参与"现象，导致这一现象出现的原因与解决方案引发了诸多学者的广泛关注。

2.2.3　流动性约束理论

流动性约束是指居民为满足其消费需求，通过个人、金融机构或非金融机构获得信贷支持时所受的限制，所以有时又称"信贷约束"。对流动性约束问题的讨论衍生于西方消费和储蓄理论，最早由弗莱文与托宾提出，之后引起了诸多学者关于流动性约束对消费者消费和储蓄行为影响机制与效应的探讨。

流动性约束理论认为流动性约束会使消费者的当期消费行为对未来可预期收入的变动异常敏感。如果不存在消费信贷，消费者则会在既有的预算约束下降低消费；如果进行消费信贷的利率较高，那么较高的成本会导致消费者在当期收入水平较低的情况下放弃消费信贷的参与，而选择通过储蓄平滑消费。因此，流动性约束理论的主要结论为：相比于不存在流动性约束的情形，存在流动性约束的消费者的消费水平更低；消费者如果预期未来会存在流动性约束，那么即便当前不存在，消费者同样会减少当期消费，增加储蓄以应对未来流动性约束对消费的冲击；假设消费者在某一期面临流动性约束，那么未来各个阶段的消费均会受到影响。那么，流动性约束如何降低消费水平？一方面，当期的流动性约束会降低消费者的消费欲望，基于生命周期视角，流动性约束会对消费者顺利平滑一生的消费形成干扰。假设消费者处于收入水平较低的阶段，即使预期未来的收入水平会提高，但当期的流动性约束会降低其现有的消费能力。另一方面，即使当期不存在流动性约束，未来的流动性约束同样会降低当期的消费水平。假设消费者预期未来收入水平降低，如果不存在流动性约束，则仍可以通过借款缓解消费的减少；但如果存在流动性约束，则消费者仅能动用有限的储蓄进行消费，因此流动性约束会增加储蓄，减少消费。

流动性理论从消费者与信贷市场两个角度进一步解释了流动性约束产生的原因：其一，消费者的财富水平较低，因此无法将其财富通过变现获得流动性支持，或通过向金融机构抵押的方式获得信贷支持；其二，信贷市场本身存在信息不对称，由此产生了逆向选择和道德风险等问题；其三，信贷市场仍不完善，金融机构的信贷产品金额较低，种类较少。

因此，流动性约束理论认为个体并不能在相同的利率水平上进行借贷和储蓄，现实中普遍存在流动性约束，并且影响个体的消费和储蓄行为。

当期的流动性约束会降低个体的消费欲望，即使当期不存在流动性约束，出现在未来的流动性约束仍会减少当期消费，原因在于当预期收入下降时，消费者可以通过向个人或金融机构申请信贷支持来缓解消费水平的降低，此时的边际储蓄倾向不会大幅上升；当预期收入下降且伴随着流动性约束的存在，消费者仅能将有限的储蓄用于消费，从而个体的边际储蓄倾向将会提高。

2.2.4　信息不对称理论

信息不对称通常是指在市场经济活动中，每个个体对有关信息的掌握程度不同，对有关信息掌握充分的个体往往处于相对有利的位置，而相对贫乏个体的处境则相对不利。家庭在参与民间借贷的过程中会伴随信息不对称，而本书所涉及的是由信息不对称理论所衍生的逆向选择与道德风险。

1. 逆向选择

对逆向选择问题的讨论源于美国经济学家乔治·阿科尔洛夫在其《柠檬市场：质量的不确定性与市场机制》一文中提出的逆向选择理论。柠檬是一种水果，在美国俚语中特指买家在成交之后才发现存在问题的汽车，汽车质量的检测并不会在买卖达成后立即完成，而需要经过使用之后才能验证。为此，阿科尔洛夫假设一个市场中存在100位二手车卖家，并且这100辆二手车的价值在1~100美元平均分布；与此同时，市场中还存在100位买家，其对每辆二手车的估价比卖家高50%，因此如果每辆二手车都能顺利交易，买卖双方就会实现"双赢"。但阿科尔洛夫在原有的假设基础上加了一条，即只有卖方对所要出售的二手车的质量心知肚明，而买方不知道，此时会发生什么？由于100辆二手车的价值在1~100美元平均分布，由于买家并不知道每辆车的具体价值，因此在随机状态下能够买到平均价值50美元的车，并支付75美元，此时持有高于75美元二手车的卖家会因二手车价格被低估而选择退出市场，于是市场中仅剩下价值在75美元以下的二手车。由于假设价格平均分布，此时市场中的平均价格为37.5美元，买家对二手车的估值相应地下降为56美元，那么手中持有价值高于56美元二手车的卖家也会退出市场。依此类推，卖家会全部退出市场，最终市场崩溃。阿科尔洛夫用简单的案例诠释了他的基本思想，即信息不对称会导致市场中出现资源配置扭曲的现象，这一思想即为逆向选择理论（Akerlof，1978）。

逆向选择在金融市场中普遍存在，尤其是民间借贷市场，容易引发逆向选择危机的往往是积极寻求借款且大概率能够获得信贷支持的家庭，原因在于民间借贷市场中的贷方无法较大程度地掌握借贷完成所需要的基本信息，尽管贷方可以预估寻求信贷支持家庭的风险高低，但民间借贷不同于向正规金融机构贷款，无法准确地量化评估借款家庭的风险程度。与柠檬市场相类似，民间借贷市场中同样"鱼龙混杂"，可能同时存在短期内缺乏必要资金而真正需要被提供信贷支持的家庭，以及仅仅为了在获得信贷支持后谎称因某些客观原因而违约的家庭，信息不对称的存在提高了信贷过程中贷方对于借方的识别难度。因此，缓解这一现象的关键在于如何解决根本的信息不对称问题。

2. 道德风险

道德风险，也称道德危机，是由西方经济学家在 20 世纪 80 年代提出的隶属于经济哲学范畴的概念，是指个体在从事经济活动时为最大化自身效用而作出不利于他人的行动。进一步地，从委托代理的角度解释，即合同的代理人较委托人而言具有一定信息优势，代理人则能够利用这一优势在委托人的监督范围之外采取某些行动，致使代理人自身获利或委托人受损。道德风险普遍存在于经济活动当中，美国经济学家约瑟夫·斯蒂格利茨在分析保险市场时发现了一个经典案例，美国某高校学生自行车的被盗率高达 10%，于是几名有商业头脑的学生便自发组织建立了一项针对自行车的保险，保费为保险标的物价值的 15%。理论上这几名学生所建立的保险利润率能够达到 5% 左右，但在经营了一段时间之后，他们发现被盗率非但没有下降，反而提高到了 15% 以上，造成这一现象的原因在于选择对自行车投保的学生明显降低了对自行车的防范。在该案例中，部分学生由于向自行车投了保，因此可以不完全承担自行车被盗的风险，从而对自行车不采取相应的防范措施，这便是道德风险。由此可以看出，道德风险并不等同于人们日常所说的道德败坏，并且道德风险具有潜在性、长期性、破坏性等特点。

在民间借贷市场中，借方扮演着借方的角色，而贷方则充当代理人的角色，道德风险普遍存在于借贷双方之间，民间借贷市场总体呈现出的是一个借方市场，在借贷发生前借方可能会有意隐瞒一些关键信息，或捏造部分事实以获取贷方的信任从而顺利获得借款，因此贷方在此过程中承担了由信息不对称导致的道德风险的大部分成本。

2.2.5　收入分配理论

1. 古典收入分配理论

对收入差距相关理论的探讨源于亚当·斯密的古典收入分配理论,从商品价值的角度对收入分配予以分析。亚当·斯密认为社会由劳动者、土地供应者以及资本家三个阶级构成,其中劳动者负责商品的生产,土地供应者则提供商品生产过程中所需要的生产资料,资本家负责商品生产过程中的资源分配,三个阶级的收入分别为工资、利润和地租,即劳动者在商品生产过程中付出劳动从而获得工资,土地供应者出让了土地使用权从而获得地租,而资本家获得出售商品产生的利润。劳动者在商品生产过程中创造了新的价值,而新价值中除支付给劳动者工资后剩余的部分便是剩余价值,即资本家所获得的利润,这是剩余价值首次出现在古典收入分配理论当中,并对其来源进行了解释。

大卫·李嘉图肯定了亚当·斯密劳动价值论关于工资、地租和利润的界定,并承认了资本主义社会由劳动者、土地供应者与资本家构成,在此基础上进一步梳理了三者之间的对立关系。首先,李嘉图认为不同区域、不同地区以及不同行业的工资水平存在差异,因此工资并非是绝对的,而是相对的,这一思想随即被总结为相对工资理论;其次,李嘉图认为土地供应者手中的土地是私有的,并且土地资源是有限的,不同位置的土地质量之间同样存在差异,因此资本家向土地所有者支付的地租金额也不是固定的,质量高的土地地租相对较高,土地产品也相对较多;最后,李嘉图在亚当·斯密绝对利润的基础上提出了利润率,即"利润率=剩余价值/预付资本",认为从长期来看利润率是逐渐下降的,并且利润与工资相互对立,利润较高时工资水平往往较低,原因在于增加利润势必需要提高劳动生产率以生产出更多的剩余价值,那么在保持劳动生产率不变的情况下,工资则会随着利润的提高而降低。

与李嘉图的观点相悖,古典经济学家萨伊则认为劳动者、土地供应者和资本家之间并不是对立关系,而是三位一体的,即三者之间通过相互联系和作用创造出更多的价值,并提出了生产费用论与效用价值论是未来构成古典经济学的基石。萨伊认为新的价值并不仅仅是由劳动创造出来的,包括资本和土地在内的生产要素都能够创造价值,因此劳动、土地和资本都是有价值的,劳动者、土地供应者与资本家都在为社会作贡献,因此理应获得工资、地租与利息等报酬。萨伊从生产要素的角度说明了社会中不存在资本家对劳动者的剥削，原因在于生产要素能够创造价值，并且社会中的价值分配是合理的，因此不存在剩余价值，社会生产同样也是平等互利的。

2. 新古典经济学的收入分配理论

新古典经济学的收入分配理论是在古典收入分配理论的基础上发展演化而来，其中以马歇尔为代表。马歇尔以均衡价格理论为基础，认为各生产要素的收益与均衡价格相等。马歇尔在萨伊所提出的劳动、土地和资本三位一体的基础上进行扩展和完善，通过进一步引入企业家才能，实现了包含劳动、土地、资本和企业家才能的四位一体理论体系。对于劳动者而言，劳动者通过出让自己的劳动力从而获得工资作为报酬，且劳动力市场供给与厂商对劳动力的需求相等时达到均衡状态，均衡状态下的劳动力价格便是工资。对于资本而言，为了简化分析，马歇尔将资本等价为货币资本，货币资本的所有者通过将资金的使用权让渡给资金需求者从而获得利息作为报酬，且货币资本所有者的供给与资金需求相等时达到均衡状态，均衡状态下的资本价格即为利息。对于土地而言，地租是土地所有者通过出让土地使用权而获得的报酬。此外，马歇尔在分析土地的供给时发现土地的供给曲线垂直于横坐标轴，因此地租仅与土地的需求有关，与其供给无关。对于利润的讨论，企业的经济利润不同于一般意义上的会计利润，因此在计算企业的生产成本时需要考虑企业家才能，整个生产成本便由显性成本和隐性成本两部分组成，那么在企业的超额利润为零的情况下企业家仍然可以获得正常利润。

基于马歇尔等人的分析，克拉克则将研究重心转移至收入的分配，并通过边际效应分析不同生产要素对生产的影响效应。克拉克认为资本和劳动力对资本配置的影响通过边际技术替代率实现，反映了资本主义经济制度的分配政策在一定程度上是合理的。与此同时，企业在生产过程中会对其经营成本和预期产量进行分析，并以利润最大化为目标进行生产，这一过程会对不同生产要素进行配置，进而实现各生产要素的配置比例达到最优，最终使各类生产要素和资源的配置达到公平公正。

3. 现代西方收入分配理论

马歇尔和克拉克等人对收入分配理论的讨论进一步推动了收入分配理论的发展，现代西方收入分配理论得以形成和完善。

库兹涅茨率先提出了收入分配过程中，收入差距呈"倒 U 形"变化，即短期来看收入分配存在不平等，导致收入差距逐渐扩大；但从长期来看，收入分配会趋于均衡，收入差距也会随之逐渐减小。具体而言，工业化发展初期势必会造成收入分配呈现较大差异；随着工业化发展进入成熟期，工业文明逐渐形成，收入分配也会随之趋于稳定，不会因工业化的发展而进一步恶化；随着工业文明的进一步成熟，收入分配不平等的现象就会得到遏制，收入差距则会随着工业文明的不断推进而减小，最终达到均衡的状态。库兹涅茨对收入差距的"倒 U 形"分析不仅促进了现代西方收入分配理论的形成，还为之后收入差距问题的分析奠定了理论基础。为纪念库兹涅茨对收入分配理论的贡献，经济学界将收入差距的"倒 U 形"效应称为"库兹涅茨效应"。

20 世纪 30 年代，美国经济陷入大萧条时期，凯恩斯认为造成大萧条的根本原因在于收入分配的不平等。具体而言，低收入群体因缺乏资金致使其需求无法满足，而高收入群体的需求有限，从而使社会总需求不足，社会总需求不足导致社会总供给大于社会总需求。社会总供求失衡影响了财富在不同收入群体间的分配，最终造成经济形势的进一步恶化，直至社会总供求重新平衡之后才会慢慢恢复。凯恩斯发现，居民的消费倾向受收入分配的影响，消费并不会随着收入水平不断上升而无限提高，仅表现为有限的提高，只有当收入分配相对平等，收入差距不断缩小，居民的消费倾向才能达到最大。因此，凯恩斯提倡在大萧条期间借助政府这只"看得见的手"对经济实施干预，利用财政政策或货币政策调节经济，例如将固定税变为累进税、间接税变为直接税等方式，同时将社会福利体系也考虑在内，通过对税收制度的改革和社会福利的调节以实现收入分配的均衡。新剑桥学派在对凯恩斯的思想予以肯定的同时，对边际生产分配论提出了质疑，认为其有关完全竞争市场的假设与现实不符，现实中的市场并非完全竞争，且工资与利润的对立普遍存在于资本主义社会中。因此，政府必须通过相应的制度安排以实现收入水平不断上升的目标。

哈耶克作为自由经济学派的代表人物，认为初次分配可以根据生产要素的贡献进行，市场机制对待不同的生产要素都是公平的，不会出现某一生产要素即使没有贡献或贡献极低还能获得同等的分配份额。哈耶克强调收入分配的方式不能违背市场规律，这会对市场的自发性和公平性造成负面影响，那些所谓通过干预市场而实现公平分配的思想代表了利益集团和政治权力阶层的主观意志，并且这一主观意志会对参与主体造成影响，使其认同利益集团和政治权力阶层制定的各项规则，这对于市场规律下的自发主体而言是不公平的。自发主体在不公平状态下会产生内在的排斥心理，但面对权威主体又不得不接受，所以违背市场机制的政府干预表面上维护了市场的公平，实则却损害了市场的自由机制。正如哈耶克所言，比例税虽然可以通过将富人的部分收入转移至穷人，从而达到调节收入分配机制的效果，但无法像累进税那样对社会中的少部分高收入阶层予以调节。因此，哈耶克提倡通过累进税和比例税相互协调的方式达到调节收入分配的目的。

2.3　社会网络视角下家庭金融行为影响
收入差距的机理分析

结合社会网络、家庭金融行为与收入差距的概念界定和指标度量，以及社会网络视角下家庭金融行为影响收入差距的理论回顾，进一步以此为基础，对社会网络视角下家庭金融行为影响收入差距的机理予以分析。

2.3.1　社会网络影响家庭金融行为

首先分析社会网络对家庭金融行为的影响，根据前文对家庭金融行为概念的界定，分别探讨社会网络对家庭资产行为以及家庭负债行为的影响。

1. 社会网络对家庭资产行为的影响

（1）社会网络影响家庭非金融资产行为

根据前文对家庭资产行为的定义，本节基于社会互动的角度分析社会网络对家庭非金融资产行为的影响。从前文关于社会互动理论的描述，社会互动主要表现为个体决策之间的相互影响，而 Blume（1993）和 Brock（2001）在既有理论的基础上构建了社会互动的研究框架，在此之后关于社会互动的研究均在此框架下进行。

考虑一个包含数量为 M 的个体的社交圈，并且任意个体都存在离散的决策行为，任意个体可以选择是否进行非金融资产的配置，即 $a_i \in \{-1, 1\}$，其中 "i" 表示第 i 个个体，"1" 表示 "是"，"-1" 表示 "否"。任意个体进行决策的目标是实现效用 U 的最大化。需要说明的是，不同个体的特征会对效用 U 产生影响，具体包括能够直接观测到的特征 X_i，如个体所在社交圈质量的高低、家庭背景及其过去的行为等，以及无法直接观测到的特征（但个体自身心知肚明）$\mu_i(1)$ 和 $\mu_i(-1)$。例如一个人选择是否从事科研工作，$\mu_i(1)$ 则表示无法直接观测的个体的研究能力，但这种研究能力与其是

否适合从事科研工作息息相关。因此，任意个体的行为可表示为

$$max_{a_i \in \{-1, 1\}} U[a_i, X_i, \mu_i(a_i)]　　　　　(2.7)$$

为了进一步描述整个社交圈的决策行为，假设任意个体无法直接观测的特征 $\mu_i(a_i)$ 呈极值分布，即给定某一个体，扰动项的总体差值服从 Logist 分布，具体可以表示为

$$p[\mu_i(-1) - \mu_i(1) \leqslant x] = \frac{1}{1 + \exp(-\alpha_i x)}; \quad \alpha_i \geqslant 0　　　(2.8)$$

其中，$p(\cdot)$ 表示概率。社会互动在此处表现为，任意个体当前是否进行非金融资产配置的决策会受到他对与社交圈内其他个体关于该决策预期的影响，即

$$max_{a_i \in \{-1, 1\}} U[a_i, X_i, p_i^e(a_{-i}), \mu_i(a_i)]　　　　(2.9)$$

其中，$a_{-i} = (a_1, \cdots, a_{i-1}, a_{i+1}, \cdots, a_M)$ 表示除第 i 个个体之外其他个体的非金融资产配置决策，$p_i^e(a_{-i})$ 表示对社交圈内其他个体非金融资产配置决策的预期，即社交圈内的其他个体是否会进行非金融资产配置，并且假设其独立于扰动项 $\mu_i(a_i)$。

假设个体的效用函数 U 由三部分构成，具体表示为

$$U[a_i, X_i, p_i^e(a_{-i}), \mu_i(a_i)] = p(a_i, X_i) + S[a_i, X_i, p_i^e(a_{-i})] + \mu_i(a_i)$$
$$(2.10)$$

其中，等式右边的 $p(a_i, X_i)$ 表示个体效用，$S[a_i, X_i, p_i^e(a_{-i})]$ 表示社会效用，即社交圈内其他个体的决策行为对自己产生影响所带来的效用，第三项 $\mu_i(a_i)$ 为随机的个体效用，关于个体效用与随机个体效用的设置是离散选择的标准形式，同时可以看出通过将社会效用函数引入个体效用函数当中，以实现对社会互动的数理分析。进一步地，假设式（2.10）中社会效用函数为二次函数形式：

$$S[a_i, X_i, p_i^e(a_{-i})] = -E_i \sum_{i \neq j} \frac{W_{i,j}}{2}(a_i - a_j)^2　　　(2.11)$$

其中，$\frac{W_{i,j}}{2}$ 表示 i 与 j 两个个体非金融资产配置决策之间的权重，其中 $W_{i,j}$ 决定于 i 与 j 两个人的特征，即 $W_{i,j} = (X_i, X_j)$，且通常 $W_{i,j} \geqslant 0$。为不失一般性，这里假设个体效用为线性形式，具体可以表示为

$$p(a_i, X_i) = k_i X_i + b_i　　　　　(2.12)$$

其中，$k_i = k(X_i)$，$b_i = b(X_i)$，则 $k_i + b_i = p(1, X_i)$，$-k_i + b_i = p(-1, X_i)$。

进一步地，尝试将社会效用函数进行扩展，根据前文 $a_i^2 = a_j^2 = 1$ 的设定，式（2.11）可以表示为

$$S[a_i, X_i, p_i^e(a_{-i})] = -E_i \sum_{i \neq j} W_{i,j}[a_i E_i(a_j) - 1] \tag{2.13}$$

式（2.13）描述了任意个体是否进行非金融资产配置的决策与对其他个体决策期望之间的关系。进一步尝试对社会效用函数等式求二阶混合偏导：

$$W_{i,j} = \frac{\partial^2 U[a_i, X_i, p_i^e(a_{-i})]}{\partial a_i \partial E_i(a_j)} = \frac{\partial^2 S[a_i, X_i, p_i^e(a_{-i})]}{\partial a_i \partial E_i(a_j)} \tag{2.14}$$

可以观察到对社会效用函数求二阶混合偏导后的结果等于 i 和 j 两个个体非金融资产配置决策之间的权重（$W_{i,j}$），并且式（2.14）描述了任意个体的非金融资产配置决策与对其他个体关于该决策期望的互补。

第 i 个个体是否会进行非金融资产配置 a_i 的条件概率等于执行这一决策产生的效用大于不执行这一决策所产生的效用的概率，具体可以表示为

$$p[a_i \mid X_i, p_i^e(a_{-i})]$$
$$= p\{U[a_i, X_i, p_i^e(a_{-i}), \mu_i(a_i)]\} > \mu\{U[-a_i, X_i, p_i^e(a_{-i}), \mu_i(-a_i)]\}$$
$$= p\left[k_i a_i + \sum_{i \neq j} W_{i,j} a_i E_i(a_j) + \mu_i(a_i) > -(k_i a_i) - \sum_{i \neq j} W_{i,j} a_i E_i(a_j) + \mu_i(-a_i)\right]$$

$$\tag{2.15}$$

由于随机个体效用服从 Logist 分布，因此式（2.15）的概率表达式可以近似表示为

$$p[a_i \mid X_i, p_i^e(a_{-i})] \sim \exp\left[\alpha_i k_i a_i + \sum_{i \neq j} \alpha_i W_{i,j} a_i E_i(a_j)\right] \tag{2.16}$$

由于每个个体的随机个体效用 $\mu_i(a_i)$ 在不同个体之间是相互独立的，因此式（2.16）的联合概率密度函数可以表示为

$$p[a \mid X_1, \cdots, X_M, p_1^e(a_{-1}), \cdots, p_M^e(a_{-M})]$$
$$= \prod_i p[a_i \mid X_i, p_i^e(a_{-i})] \sim \prod_i \exp\left[\alpha_i k_i a_i + \sum_{i \neq j} \alpha_i W_{i,j} a_i E_i(a_j)\right]$$

$$\tag{2.17}$$

进一步地，根据理性预期假设，每个个体的预期是理性的，那么每个个体对社交圈内其他个体关于非金融资产配置决策的期望 $E_i(a_j)$ 可以表示为

$$E_i(a_j) = E[a_j \mid X_1, \cdots, X_M, E_k(a_l), k = 1, \cdots, M; l = 1, \cdots, M] \tag{2.18}$$

当个体选择进行非金融资产配置的行为是理性的，换言之，当个体的

主观期望与数学期望相一致时，根据式（2.17）在均衡时的概率密度函数可以计算出式（2.18）右边的期望值，这意味着任意个体的期望是自我约束的。任意个体进行选择的期望值可以表示为

$$E(a_i) = tanh\left[\alpha_i k_i + \sum_{i \neq j} \alpha_i W_{i,j} E_i(a_j)\right] \tag{2.19}$$

根据前文关于理性预期的假设，可以将式（2.19）改写为

$$E(a_i) = tanh\left[\alpha_i k_i + \sum_{i \neq j} \alpha_i W_{i,j} E(a_j)\right] \tag{2.20}$$

由此可以得到任意个体关于家庭非金融资产配置决策 $[-1, 1]^M$ 的连续双曲函数。根据布劳威尔不动点定理，式（2.20）至少存在一个不动点解。

因此，Blume（1993）和 Brock（2001）通过将社会效用函数引入个体效用函数的方式分析了不同个体行为和决策之间相互影响的作用机理，并利用数理方法予以证明。这一研究框架能够进一步解释不同个体之间是否配置非金融资产这一决策的相互影响，并最终得出存在至少一个稳定均衡状态的结论，因此论证了不同个体之间非金融资产配置行为能够相互影响，即基于社会互动的角度，社会网络能够对家庭非金融资产行为产生影响。

（2）社会网络影响家庭金融资产行为

关于家庭金融资产行为，既有文献主要集中于社会网络与家庭风险资产配置的探讨，而风险资产的配置则以股票市场的参与为主。因此，本章基于 Hong（2004）以及王聪等（2015）关于社会网络与家庭股票市场参与的研究，尝试梳理社会网络对家庭金融资产行为的影响。

①社会网络影响家庭金融资产行为的直接效应。

首先分析在不考虑投资者风险偏好的情况下，社会网络影响家庭股市参与的直接效应。

假设一个投资者仅存活一期，并且可以将其财富的任意部分用于购买无风险债券或投资股市，为简化分析，设定无风险债券的利率为 0，股票市场的净回报率为 r。需要说明的是，投资者购买股票之后可能盈利也可能亏损，即 r 可能为正，也可能为负，因此设定投资者亏损的概率为 p，此时投资者的净回报率为 r_d，相应地，投资者盈利的概率为 $(1-p)$，此时投资者的净回报率为 r_u，且 $r_d < 0 < r_u$。进一步地，假设不存在套利空间，并且 $pr_d + (1-p)r_u > 0$，即股票市场的预期回报率为正。

投资者自身的初始财富为 w，其效用函数满足：

$$U(w) = \frac{w^{1-\theta}}{(1-\theta)} \tag{2.21}$$

其中，$\theta > 0$。假设某一时刻投资者购买了股票，其购买股票的资金占自身财富的比例为 s，那么购买股票之后，投资者的效用函数可以表示为

$$U(w) = \frac{\{p[w(1 + sr_d)]^{1-\theta} + (1-p)[w(1 + sr_u)]^{1-\theta}\}}{(1-\theta)} \qquad (2.22)$$

式（2.22）中投资者效用关于其股票市场参与的一阶条件为

$$\frac{\partial U}{\partial s} = p[w(1 + sr_d)]^{-\theta}r_d + (1-p)[w(1 + sr_u)]^{-\theta}r_u = 0 \qquad (2.23)$$

通过求解式（2.23）可以得到投资者财富中的最优股票持有比例为

$$s^* = \frac{(1-X)}{(Xr_u - r_d)} \qquad (2.24)$$

其中

$$X = \left[\frac{-(1-p)r_u}{pr_d}\right]^{-\frac{1}{\theta}} \qquad (2.25)$$

由于前文设定了股票市场的预期投资回报率为正，因此 $X < 1$，进一步可以得出式（2.24）中的 $s^* > 0$。

将式（2.24）代入目标函数式（2.22）中，可以得到投资者在参与股票市场之后的价值函数 V_1，即

$$V_1 = M\frac{w^{1-\theta}}{1-\theta} \qquad (2.26)$$

其中

$$M = \left(\frac{r_u - r_d}{Xr_u - r_d}\right)^{1-\theta}[pX^{1-\theta} + (1-p)] \qquad (2.27)$$

进一步可以得出投资者参与股票市场之后的确定性财富水平 w_1，可以表示为

$$w_1 = \rho w, \quad \rho = M^{\frac{1}{1-\theta}} > 1 \qquad (2.28)$$

由于前文的所有讨论均是基于投资者确定会参与股票市场的假设，那么现在需要推翻这一假设，进一步分析投资者是否会参与股票市场。现以社会网络为依据，将所有投资者分为"非社会性"和"社会性"两类，"社会性"投资者处于社会网络中，并能够与网络中其他投资者交流获取股票投资的相关信息；"非社会性"投资者则不处于社会网络中，无法获得相关有效信息。

由于参与股票市场具有交易成本、人力成本以及获取和处理信息的"隐性成本"，因此假设任意"非社会性"投资者 i 参与股票市场所承担的

隐性成本为 μc_i，其中 μ 为"非社会性"投资者参与股票市场的隐性成本系数，且每个投资者之间相互独立。那么只有当其因参与股市而带来的确定性财富水平的增量高于相应的隐性成本时，"非社会性"投资者 i 才会去购买股票，即

$$w_1 - w = (\rho - 1)w > \mu c_i \tag{2.29}$$

假设所有的"非社会性"投资者具有相同的初始财富水平 w、风险系数 θ 以及隐性成本系数 μ，只有 c_i 不同。将 c_i 的累积分布函数设定为 $F(c_i)$，那么将所有的"非社会性"投资者中参与股票市场的比例记为 q_n，即

$$q_n = F\left[\frac{(\rho - 1)w}{\mu}\right] \tag{2.30}$$

由此可以看出，"非社会性"投资者参与股票市场的比例与初始财富水平 w 呈正向变动，与隐性成本系数 μ 呈负向变动，由于 ρ 是关于风险系数 θ 的函数，因此同样与风险系数 θ 相关。

接下来考虑"社会性"投资者。相比于"非社会性"投资者，"社会性"投资者的优势在于能够通过向网络中的其他投资者沟通获取股票市场的相关信息，从而降低参与股票市场的信息成本。同前文的设定相同，假设所有的"社会性"投资者具有相同的初始财富水平 w、风险系数 θ 以及隐性成本系数 μ，只有 c_i 不同。将所有的"社会性"投资者中参与股票市场的比例记为 q_s，并假设其参与股票市场的成本为 $\mu c_i - G(q_s)$，其中 $G(0) = 0$，且 $\frac{\partial G}{\partial q_s} > 0$，这一设定的原因在于"非社会性"投资者中参与股票市场的比例越高，获取的信息越多，隐性成本越低。同样，只有当其因参与股市而带来的确定性财富水平的增量高于相应的隐性成本时，"社会性"投资者 i 才会去购买股票，即

$$(\rho - 1)w > \mu c_i - G(q_s) \tag{2.31}$$

可以进一步得到

$$q_s = F\left[\frac{(\rho - 1)w + G(q_s)}{\mu}\right] \tag{2.32}$$

通过比较"非社会性"投资者中参与股票市场的比例 q_n 与"社会性"投资者中参与股票市场的比例 q_s，可以看出 $q_s > q_n$。

由此可以得出结论，在任意内部均衡状态下，"社会性"投资者中参与股票市场的比例高于"非社会性"投资者，因此可以说明社会网络可以促

进家庭股票市场的参与。

②社会网络影响家庭金融资产行为的中介效应。

前文阐述了 Hong（2004）在不考虑投资者风险偏好的情况下，社会网络对家庭股票市场参与的影响。进一步地，基于王聪等（2015）在相关领域内的研究成果，考虑投资者风险偏好的情况下，探讨社会网络影响家庭股票市场参与的中介效应。

假设一个风险偏好不确定的投资者仅存活一期，并且对于未来收益的预期具有不确定性。投资者 i 在期初的自身财富水平为 w_{0i}，并且可以将其财富的任意部分用于购买无风险债券或投资股市，为简化分析，设定无风险债券的利率为 0，股票在期初的价格为 p_0，期末价格为 p_1，并且服从均值为 μ，方差为 σ 的正态分布。相比于股票收益的平均水平，投资者对股票收益的方差，即变动幅度更为敏感，因此假设投资者预估股票期末价格 p_1 会落在一定范围内，可以进一步表示为

$$E(p_1) \in (\mu - \theta, \mu + \theta) \tag{2.33}$$

其中，θ 表示投资者对未来股票价格预期的不确定性，与此同时，由于不同投资者的风险偏好存在差异，因此假设 θ 服从标准的正态分布。

进一步假设投资者的效用函数满足均值-方差模型，即

$$U(w_1) = E(w_1) - \alpha \frac{Var(w_1)}{2} \tag{2.34}$$

其中，w_1 表示投资者在期初的自身财富水平，α 为风险厌恶系数，α 越高，投资者对于风险的厌恶程度越大，$E(w_1)$ 表示投资者期末财富水平的均值，$Var(w_1)$ 表示投资者期末财富水平的方差。

接下来考虑投资者关于风险偏好的不确定性。根据前文关于股票期末价格均值 μ 的设定，假设任意投资者对股票期末价格 p_1 的预期为 $\mu + \varepsilon$，其中 $\varepsilon \in (-\theta, \theta)$ 反映了风险补偿水平。在进行投资者决策时，风险偏好型投资者表现为在收益一定时风险越大效用越大，因此风险偏好型投资者的风险补偿为正，即 $\varepsilon > 0$；相应地，风险厌恶型投资者表现为在收益一定时风险越小效用越大，因此风险厌恶型投资者的风险补偿为负，即 $\varepsilon < 0$。为不失一般性，用 β 表示投资者的风险偏好，且 $\beta \in [0, 1]$，其中 $\beta = 0$ 表示极度的风险厌恶，$\beta = 1$ 表示极度的风险偏好，$\beta = 0.5$ 则表示风险中性。投资者的风险偏好受多种因素影响，基于本书的研究主题，认为处于社会网络中的投资者之间在进行沟通时能够促进股票市场相关信息的传递，提高投资者对于股票市场的认知水平，修正其对风险的认识，从而降低对风险的

厌恶程度。因此，利用隐性函数表示上述关于社会网络与投资者风险偏好的关系，即

$$\beta = \beta(c) \qquad (2.35)$$

其中，c 表示社会网络，并且 $\frac{\partial \beta}{\partial c} > 0$。

进一步地，考虑到人们一般在做某一决定之前会考虑最坏情形，因此假设投资者会根据其对未来投资收益预期中的最坏情形进行投资决策。那么当投资者 i 决定购买 x 股股票时，其对自己所购买股票的未来投资收益预期为

$$x_i(\mu + \varepsilon_i) = x_i\{\mu - sgn(x_i)\theta[1 - 2\beta(c_i)]\} \qquad (2.36)$$

其中，$sgn(\cdot)$ 为返回整型值函数，如果投资者 i 选择多头持股，即 $x_i > 0$，则 $sgn(x_i) = 1$；如果投资者 i 选择空头持股，即 $x_i < 0$，则 $sgn(x_i) = -1$；如果投资者 i 选择不持有股票，即 $x_i = 0$，则 $sgn(x_i) = 0$。由于中国的股票市场目前不允许做空，因此式（2.36）反映了多头持股的风险厌恶型投资者会以其对未来投资收益预期的下限，即 $\mu - \theta(\cdot)$，为依据进行投资，而社会网络与投资者风险偏好的关系隐含在函数 $\theta(\cdot)$ 当中。

当投资者 i 决定购买 x 股股票时，关于期末财富水平 w_{1i} 的期望和方差为

$$E^i(w_{1i}) = w_{0i} - x_i p_0 + x_i(\mu + \varepsilon_i) \qquad (2.37)$$

$$Var^i(w_{1i}) = x_i^2 \sigma^2 \qquad (2.38)$$

将式（2.37）与式（2.38）代入式（2.34）中可以得到此时投资者 i 的效用水平为

$$U^i(w_{1i}) = w_{0i} - x_i p_0 + x_i(\mu + \varepsilon_i) - \alpha \frac{x_i^2 \sigma^2}{2} \qquad (2.39)$$

根据前文对于投资者保守投资决策的假设，可以将投资者 i 的效用函数改写为

$$U^i(w_{1i}) = \min_{\varepsilon_i} \left[w_{0i} - x_i p_0 + x_i(\mu + \varepsilon_i) - \alpha \frac{x_i^2 \sigma^2}{2} \right] \qquad (2.40)$$

那么，上述可以转化为在信贷约束条件下的投资者 i 效用最大化问题，即

$$\max_{x_i}\min_{\varepsilon_i} \left[w_{0i} - x_i p_0 + x_i(\mu + \varepsilon_i) - \alpha \frac{x_i^2 \sigma^2}{2} \right] \qquad (2.41)$$

$$w_{1i} = w_{0i} + x_i(p_1 - p_0) s.t. \qquad (2.42)$$

进一步将式（2.36）代入式（2.41）中，可以得到：

$$\max_{x_i}\min_{\varepsilon_i}\left\{w_{0i}-x_ip_0+x_i\{\mu-sgn(x_i)\theta[1-2\beta(c_i)]\}-\alpha\frac{x_i^2\sigma^2}{2}\right\}$$

$$(2.43)$$

所以投资者 i 关于购买股票数量 x_i 的效用最大化的一阶条件为

$$\frac{\partial\max U^i(w_{1i})}{\partial x_i}=\mu-p_0-sgn(x_i)\theta[1-2\beta(c_i)]-\alpha x_i\sigma^2=0\quad(2.44)$$

基于式（2.44），可以根据投资者 i 的风险偏好进行讨论。

首先，当投资者 i 为风险厌恶型时，表现为 $\beta(c_i)<0.5$，$\theta[1-2\beta(c_i)]>0$。那么投资者 i 的最佳股票购买量 x_i^* 可以表示为

$$x_i^*=\begin{cases}\dfrac{\mu-p_0-\theta[1-2\beta(c_i)]}{\alpha\sigma^2},\ \mu-p_0>\theta[1-2\beta(c_i)]\\[2mm]0,\ -\theta[1-2\beta(c_i)]\leqslant\mu-p_0\leqslant\theta[1-2\beta(c_i)]\\[2mm]\dfrac{\mu-p_0+\theta[1-2\beta(c_i)]}{\alpha\sigma^2},\ \mu-p_0<-\theta[1-2\beta(c_i)]\end{cases}\quad(2.45)$$

由式（2.45）可以看出，当购买股票后的预期收益能够抵补购买股票带来的风险时，投资者 i 会选择购买数量为 $\dfrac{\mu-p_0-\theta[1-2\beta(c_i)]}{\alpha\sigma^2}$ 的股票；当购买股票后的预期收益恰好等于购买股票带来的风险时，投资者不会购买股票；当购买股票后的预期收益无法抵补购买股票带来的风险时，投资者会选择空头持有数量为 $\dfrac{\mu-p_0+\theta[1-2\beta(c_i)]}{\alpha\sigma^2}$ 的股票，存在股票市场的"有限参与"现象。

对于风险厌恶型而言：

$$\frac{\partial\theta[1-2\beta(c_i)]}{\partial c_i}<0\quad(2.46)$$

可以看出，投资者 i 所处的社会网络程度越高，不参与股票市场的概率就会越低，且

$$\frac{\partial|x_i^*|}{\partial c_i}>0\quad(2.47)$$

因此，结合中国股票市场的特点，对于风险厌恶型投资者而言，其所处的社会网络程度越高，参与股票市场的程度和规模就越高。

其次，当投资者 i 为风险中立型时，表现为 $\beta(c_i)=0.5$，$\theta[1-2\beta(c_i)]=0$。那么投资者 i 的最佳股票购买量 x_i^* 可以表示为

$$x_i^* = \frac{\mu - p_0}{\alpha\sigma^2} \tag{2.48}$$

最后，当投资者 i 为风险偏好型时，表现为 $\beta(c_i) > 0.5$，$\theta[1 - 2\beta(c_i)] < 0$。那么投资者 i 的最佳股票购买量 x_i^* 可以表示为

$$x_i^* = \begin{cases} \dfrac{\mu - p_0 - \theta[1 - 2\beta(c_i)]}{\alpha\sigma^2}, & \mu - p_0 \geqslant 0 \\[3mm] \dfrac{\mu - p_0 + \theta[1 - 2\beta(c_i)]}{\alpha\sigma^2}, & \mu - p_0 < 0 \end{cases} \tag{2.49}$$

由式（2.48）可以看出，对于风险中立型投资者而言，由于其对于股票的预期收益与风险保持中立，因此无论股票的预期收益是否能够抵补购买股票带来的风险，投资者均会购买数量为 $\dfrac{\mu - p_0}{\alpha\sigma^2}$ 的股票。根据式（2.49）可以看出，对于风险偏好型投资者而言，当购买股票后的预期收益为正时，投资者 i 会选择购买数量为 $\dfrac{\mu - p_0 - \theta[1 - 2\beta(c_i)]}{\alpha\sigma^2}$ 的股票；当购买股票后的预期为负时，投资者会选择空头持有数量为 $\dfrac{\mu - p_0 + \theta[1 - 2\beta(c_i)]}{\alpha\sigma^2}$ 的股票。因此无论股票的预期收入如何变动，风险偏好型的投资者均会购买股票，并且根据前文对于风险厌恶型投资者的分析，依然 $\dfrac{\partial |x_i^*|}{\partial c_i} > 0$，即社会网络与家庭股市参与呈正向变动。因此结合中国股票市场的特点，对于风险中立型与风险偏好型投资者而言，其所处的社会网络程度越高，参与股票市场的程度和规模就越高。

综上所述，本节从促进互动和信息共享两个角度探讨了社会网络对家庭资产行为的影响。基于对社会互动的研究框架，通过交互基础模型论证了家庭之间关于家庭非金融资产配置这一行为能够互相影响，即验证了社会互动对家庭非金融资产行为的正向影响。基于最优投资组合决策模型，并在是否考虑投资者风险偏好类型的情况下分别探讨了社会网络影响家庭股票市场参与的直接效应和中介效应，结论显示社会网络能够促进投资者之间有关股票市场信息的传递，知晓相关信息后的投资者对于股票市场的认知水平将会提高，对风险则会形成一个新的认识，从而降低对风险的厌恶程度，因此可以说明社会网络能够促进家庭的股票市场参与，即社会网络能够正向影响家庭金融资产行为。

由于社会网络能够促进家庭非金融资产行为以及家庭金融资产行为，因此可以说明社会网络能够正向影响家庭资产行为。

2. 社会网络对家庭负债行为的影响

根据前文关于家庭金融行为的定义，完成了社会网络与家庭资产行为关系的论证之后，本书进一步分析社会网络对家庭负债行为的影响。

（1）基于地位寻求视角下社会网络对家庭负债行为的影响

基于 Becker（1991）关于地位寻求的研究框架，探讨攀比效应与家庭负债的关系。

作为基准，首先构建一个仅包含一名不追求社会地位的消费者，之后在此基础上进一步对基准模型进行补充，以达到分析攀比效应与家庭负债的目的。考虑一个能存活两期的消费者，即 $t \in [1, 2]$，其自身的财富现值为 w，假设消费者能够将自身的财富用于购买两类商品，即非地位性商品（食品、娱乐或闲暇等）与地位性商品（房屋、汽车或珠宝等）。用 c_1 和 c_2 分别表示消费者在第一期和第二期中对于非地位性商品的消费量，d_1 和 d_2 分别表示消费者在第一期和第二期中对于地位性商品的消费量，假设第一期和第二期之间的利率为 r，并且消费者能够在 r 的利率水平自由借贷或储蓄。那么消费者的预算约束可以表示为

$$w = c_1 + d_1 + \frac{1}{1+r}(c_2 + d_2) \tag{2.50}$$

假设对非地位性商品的消费仅能提高消费者在当期的效用，但对于地位性商品的消费能够提高消费者在两期内的效用，但跨期效用会递减，因此设定消费者第一期的效用与第二期的效用之间存在"折旧"，折旧率为 α，并且 $\alpha \in (0, 1)$。那么消费者在第二期对于地位性商品的消费可以表示为

$$d_1(1-\alpha) + d_2 \tag{2.51}$$

其中，$d_1(1-\alpha)$ 表示投资者在第一期对地位性商品消费的"剩余"，即"净折旧"，d_2 则表示在第二期对地位性商品的消费。

消费者对于商品的消费会带来效用的提升，为简化分析，用 $U(c_i)$ 表示消费者在第一期和第二期对于非地位性商品的消费，用 $V(d_1)$ 和 $V[d_1(1-\alpha) + d_2]$ 分别表示第一期和第二期对于地位性商品的消费，并且上述两种效用函数均为凹函数。进一步考虑到效用递减，设定 δ 为第一期至第二期效用的折扣系数，那么消费者在第一期和第二期对于非地位性和地位性商品消费的效用可以表示为

$$U(c_1) + V(d_1) + \delta\{U(c_2) + V[d_1(1-\alpha) + d_2]\} \tag{2.52}$$

为了简化分析的同时不影响模型结果，假设效用折扣系数 $\delta = \dfrac{1}{1+r}$，说明个人关于第一期和第二期的效用折扣与市场相关。此外，这一设定还隐含了消费者会在两期内平滑消费，最终促使第一期和第二期对于两种商品的消费量相等，即

$$\begin{cases} c_1 = c_2 \\ d_1 = d_1(1-\alpha) + d_2 \end{cases} \tag{2.53}$$

其中，式（2.53）中的第二部分可以得到 $d_2 = \alpha d_1$，说明在第二期对于地位性商品的额外支出正好等于抵销第一期购买数量的折旧所需的金额。

接下来，消费者将其财富用于第一期购买商品之后的剩余部分进行储蓄，那么储蓄率可以表示为

$$s = \frac{w - c_1 - d_1}{w} \tag{2.54}$$

相应地，对负债率进行定义，即

$$b = -s \tag{2.55}$$

在均衡状态下，储蓄率 s 和负债率 b 决定于消费者将其财富在非地位性商品和地位性商品之间的分配。基于前文第一期和第二期对于两种商品的消费量相等的设定，进一步利用 c^* 和 d^* 表示非地位性商品和地位性商品的消费量，即 $c_1 = c_2 = c^*$，$d_1 = d^*$，$d_2 = \alpha d^*$。因此，为了完成两种商品的购买，消费者必须在第一期消费 $c^* + d^*$，那么利用预算约束表示 c^* 可以得出储蓄率的表达式为

$$s = \frac{\delta}{1+\delta} \times \frac{w - d^*(1-\alpha)}{w} \tag{2.56}$$

由于 $\alpha \in (0, 1)$，因此储蓄率随地位性商品消费的增加而减少，其原因在于为了增加地位性商品的消费，消费者会选择将更多资源用于第一阶段的消费，这样在第二阶段就只需要进行补偿，这就促使消费者更偏向于当下的消费。相反地，如果消费者倾向于提高非地位性商品的购买量 c^* 并同时减少地位性商品的消费量 d^*，那么消费者必须在第一期增加储蓄以在第二期将更多的资源用于非地位性商品的购买。

根据消费者效用最大化的一阶条件，可以得出在既有财富水平下对于两种商品的最优配置，即

$$U'(c^*) = \frac{1+\delta}{1+\alpha\delta}[V'(d^*)] \tag{2.57}$$

从式（2.57）可以看出，非地位性商品与地位性商品消费所带来的边际效用之比与其相对价值之比 $\dfrac{1+\delta}{1+\alpha\delta}$ 相等。具体而言，增加一单位非地位性商品的消费 c^*，需要额外支付 $1+\left(\dfrac{1}{1+r}\right)$ 单位的财富，原因在于每一期都需要购买非地位性商品；而增加一单位地位性商品的消费 d^*，则仅需额外支付 $1+\alpha\left(\dfrac{1}{1+r}\right)$ 单位的财富，相当于仅支付折旧费。之后在不改变模型结果的基础上简化分析，将折旧率 α 的值设定为 0。

接下来对模型的假设进行拓展，即不仅仅只有一名消费者，而是包含了大量具有地位寻求心理的消费者。为不失一般性，将模型中包含的所有消费者纳入集合 (0, 1) 中，并对其社会地位在 0 和 1 之间进行排序，用 θ 表示任意消费者在集合中的社会地位。这一设定能够促使后续的分析更加简便，原因在于标准化之后，集合中所有位于 θ 之前的消费者都可以用 θ 表示，换言之，θ 表示前 $\theta\%$ 的人口。任意 θ 消费者所具有的财富水平为 $w(\theta)$，并且随着社会地位 θ 的上升而提高，即社会地位更高的人会更富有。与此同时，假设商品的相对价格为常数，并且对于利率 r 的设定与前文一致。

基于上述假定，首先考虑消费者对群体内其他消费者的消费水平相互独立，故此时任意消费者所面临的问题仍然是如何将财富用于非地位性商品与地位性商品的分配。相应地，θ 消费者对于非地位性商品与地位性商品的最优消费量为 $c^*(\theta)$ 和 $d^*(\theta)$，并且在预算约束条件下达到效用最大化的一阶条件为

$$U'\left[c^*(\theta)\right] = (1+\delta)\times V'\left[d^*(\theta)\right] \tag{2.58}$$

式（2.58）的计算结果是在折扣率 α 为 0 的设定下得出的。由于社会地位更高的人会更富有，并且消费者对群体内其他消费者的消费水平相互独立，因此每个消费者都会基于自身效用的最大化对两种商品进行消费。由于此时关于非地位性商品和地位性商品的消费促使消费者的效用达到最大，故将此时对两种商品的消费达到了帕累托最优，分别用 $c^E(\theta)$ 和 $d^E(\theta)$ 表示。

现将攀比效应引入模型当中，即消费者对群体内其他消费者的消费水平并非相互独立，任意消费者都可以观察到群体内其他消费者对地位性商品的购买行为。与此同时，假设消费者关心自己的社会地位，并且任意消

费者的社会地位决定于地位性商品的购买量。此外，对于在给定时期地位性商品的消费水平 d^*，利用 $F(d^*)$ 表示在给定时期内地位性商品的消费量小于 d^* 的人群，同时也是消费者在完成对地位性商品消费量 d^* 之后获得的社会排名，并且这个排名能够给消费者带来 $u[F(d^*)]$ 单位的效用，这一效用水平与购买非地位性商品的效用 $U(c^*)$ 以及购买地位性商品的效用 $V(c^*)$ 有关，因此更倾向于将 $u[F(d^*)]$ 视为社会地位效用。在这一拓展后的模型中，仍假设消费者在不同时期关于两种商品的消费量相等，因此消费者在不同时期获得的社会地位为常数。

消费者具有提高社会地位的欲望，为满足这一欲望则会增加地位性商品的消费量，对于处在 θ 水平的消费者，这一动机反映在了一组新的一阶条件当中，即

$$U'[c^*(\theta)] = (1 + \delta) \times \left\{ V'[d^*(\theta)] + \frac{\partial u\{F[d^*(\theta)]\}}{\partial d^*(\theta)} \right\} \quad (2.59)$$

式（2.59）与前文的初始一阶条件式（2.58）相比，其差异体现在等式右侧花括号中的第二部分，说明了消费者能够通过购买地位性商品以获得额外的效用。既有文献中提到了一个众所周知的结论，即在均衡状态下通过购买地位性商品来提高社会地位等的做法是低效率的，本书构建的模型也不例外，在之后的分析中会得出类似结论。

基于此，首先比较为提高社会地位而购买的地位性商品数量 $d^*(\theta)$ 与最大化自身效用而购买的地位性商品数量 $d^E(\theta)$。因为只有对地位性商品报价更高的消费者才会获得社会地位，所以消费者会在当下将其更多的资源用于购买地位性商品。出于同样的原因，除了社会地位最低的消费者，那些本身具有社会地位的消费者为了维持社会地位，同样需要购买更多地位性商品以保证不被反超。因此，对于所有 $\theta > 0$ 的消费者而言，地位性商品的购买量 $d^*(\theta)$ 会严格大于 $d^E(\theta)$，而处于社会最底层的消费者并不关心自己的社会地位，因此不会将更多的资源用于购买地位性商品，图 2.3 描述了这一过程。

可以看出，在均衡状态下，地位寻求是徒劳的。最后，即使还有消费者将更多的资源用于购买地位性商品，但已经没有消费者想要通过这种方式来超过比他更富有的人，因为他们更加雄厚的财富水平会对其社会地位形成支撑。相应地，整个社会地位的排名也会保持不变，这一结果最终会在形式上演化成为一个排名方程：

$$F[d^*(\theta)] = \theta \quad (2.60)$$

从以上分析可以看出,均衡状态是低效率的。假设任意消费者同时将地位性商品的购买量返回至 $d^E(\theta)$,这虽然不会改变消费者的社会排名以及社会地位效用,但会提高除社会最底层消费者以外的其他消费者的内在效用。

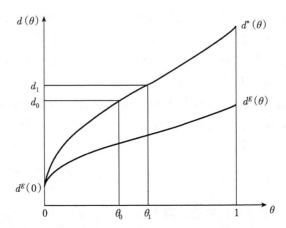

图2.3 不同社会地位消费者地位性商品购买量的变化

现在回到前文所设定的负债率,由于地位寻求会使消费者将自身的资源由非地位性商品转移至地位性商品,那么必然会将未来的消费转移至现在,最终造成的结果就是地位性商品的过度积累导致负债水平的提高,即在均衡状态下,只有 $\theta = 0$ 类型的消费者能够获得最有效的负债率,任何 $\theta > 0$ 类型的消费者都会面临低效率的高负债率。

基于上述分析可以看出,攀比效应或地位寻求会使消费者将未来的消费转移至现在,从而导致较高的负债率,而社会网络所包含的促进互动的作用则会加剧这一影响。

(2) 基于隐性担保视角下社会网络对家庭民间借贷行为的影响

在从攀比效应的视角分析了社会网络对家庭负债行为的影响之后,考虑社会网络在参与家庭民间借贷过程中,在一定程度上能起到提供隐性担保的作用。因此,本书基于隐性担保视角分析社会网络对家庭民间借贷行为的影响。

Gajigo 等(2010)将社会网络的担保机制引入信贷交易模型,从债务人的角度探讨了宗族网络对家庭民间借贷行为的正向影响,本书尝试在此基础上进一步分析社会网络对债权人的影响,从提供信贷的角度验证社会网络对家庭民间借贷行为的促进作用。

①债务人。

假设一个家庭 i ，其自身的财富水平为 w ，在生产过程中所需要的各种资本总额为 k 。该家庭自身所拥有的财富无法满足整个生产过程所需要的各项资本，因此需要通过借贷进行弥补。由于该模型讨论的是民间借贷行为，因此假设家庭 i 没有抵押物，进而无法通过银行等正规金融渠道进行借款，故只能选择民间借贷来满足生产过程中所需要的资金。家庭 i 面临借贷的二元选择 $d_i \in \{-1, 1\}$ ， $d_i = -1$ 表示不进行负债， $d_i = 1$ 表示进行负债，借贷金额用 ds 表示，即 $ds = (k - w)$ 。那么，如果借款人能够顺利还款的情况下，家庭 i 从事生产能够获得的利润可以表示为

$$\pi_i^R = f(k) - (k - w)(1 + r) \tag{2.61}$$

其中， $f(\cdot)$ 表示生产函数， $f(k)$ 为家庭进行生产所获得的收入，由于利润由产出决定，而产出的大小由自有资本 k 与借贷金额 $ds(d_i)$ 决定，因此假设生产函数 $f(\cdot)$ 为单调递增的凹函数，即 $f'(k) > 0$ 、 $f''(k) < 0$ ， r 为贷款利率， $(k - w)(1 + r)$ 即表示借贷的本金与利息之和。式（2.61）为家庭 i 在顺利还本付息条件下所能获得的利润，其一阶条件可以表示为通过借贷所获得的利润率不小于借贷所负担的成本，即

$$\frac{\partial \pi_i^R}{\partial k} \geq r \tag{2.62}$$

当然，家庭 i 还会存在违约的可能，当家庭 i 由于违约而无法还本付息时，虽然可以获得生产过程中产生的所有收入，但就债权人选择通过司法途径或社会惩罚收回损失而言，债务人会承担潜在的成本，因此定义社会惩罚为家庭在违约之后所承担的社会成本，而这种违约成本可以理解为社会网络所提供的隐性担保。具体而言，社会网络中信息的充分流通与共享使债务人在违约之后除了会遭受司法系统的惩罚之外，还需承担高额的社会成本，原因在于违约会对其声誉产生不利影响，进而导致其在网络中处于劣势，对家庭在之后与网络中其他成员的相处中具有负面影响。因此，可以认为社会网络的存在能够为资金出借方提供一份隐性的"担保"，使债务人在违约时承担一定的社会成本。因此，设定家庭 i 在违约状态下所需要承担的社会成本为 $C(s)_i$ ，其中 $s(s \geq 0)$ 表示借贷双方所处的社会网络规模的大小，进一步说明债务人违约所承担的社会成本的大小与借贷双方所处的社会网络规模大小相关，并且 $C(s)_i$ 满足 $C'(s)_i > 0$ 、 $C''(s)_i > 0$ 以及：

$$\begin{cases} C(s)_i = 0, & s = 0 \\ C(s)_i > 0, & s > 0 \end{cases} \tag{2.63}$$

式（2.63）可以解释为借贷双方所处的社会网络规模越大，借款家庭 i 违约时所承担的社会成本越高，相应的担保机制越强；相反，如果网络规模为0，即不存在社会网络，借款家庭 i 违约时所承担的社会成本为0，相应地，也就不存在社会网络担保机制。因此，在违约的条件下，借款家庭 i 所面临收益的期望为

$$E(\pi_i^D) = f(k) - \tau(k-w)(1+r) - C(s)_i \qquad (2.64)$$

其中，τ 表示债务的回收率，即债权人已收回债务的金额占总借款的比重。

基于上述分析，只有当借款家庭 i 在顺利还本付息时所获得的利润高于违约时所获得的期望收益时，借款家庭 i 才会选择按时向债权人还本付息，从而整个借贷过程可以顺利完成，即

$$\pi_i^R \geqslant E(\pi_i^D) \rightarrow$$

$$f(k) - (k-w)(1+r) \geqslant f(k) - \tau(k-w)(1+r) - C(s)_i \rightarrow$$

$$w \geqslant k - \frac{C(s)_i}{(1+r)(1-\tau)}$$

$$(2.65)$$

将式（2.65）进行移项之后可以得到：

$$k - w \leqslant \frac{C(s)_i}{(1+r)(1-\tau)} \qquad (2.66)$$

根据前文的设定，不等式左边的部分为 $k-w$，即贷款金额 $ds = k-w$，不等式右边包含社会成本 $C(s)_i$、贷款利率 r 以及债务回收率 τ，并且社会成本 $C(s)_i$ 的符号为正。由此可以看出，借款家庭 i 所获得的借贷金额 $k-w$ 与其违约时所承担的社会成本 $C(s)_i$ 呈正相关，即在给定贷款利率 r 与债务回收率 τ 时，社会网络的规模越大，债务人违约所承担的社会成本越高，借款人所能获得的借贷金额就会越高。

②债权人。

在对家庭民间借贷行为中的债务人一方进行分析之后，进一步从债权人的角度进行分析。

债权人在借出款项之后会有两种预期结果，即债务人顺利还款和违约，当债务人顺利还款时债权人所能获得的预期收益为

$$E_1(\pi_i^L) = P(C) \times (k-w)(1+r) \qquad (2.67)$$

可以进一步得到债务人在违约时债权人能够获得的预期收益为

$$E_2(\pi_i^L) = [1 - P(C)] \times \tau(k-w)(1+r) \qquad (2.68)$$

其中，$P(C)$ 表示债务人顺利还款的概率。债务人能否顺利还款与社会网络提供的担保机制有关，且社会网络规模越大，隐性担保机制越强，债务人违约的概率越小。这一关系可以表示为

$$\frac{\partial P}{\partial C} > 0 \tag{2.69}$$

对于债权人而言，当债务人顺利还款给债权人带来的预期收益高于债务人违约给其带来的损失时，债权人才会选择提供借款。因此，借贷顺利进行的条件为

$$E_1(\pi_i^L) > E_2(\pi_i^L) \rightarrow$$
$$P(C) \times (k-w)(1+r) > [1 - P(C)] \times \tau (k-w)(1+r) \rightarrow$$
$$\frac{1}{P(C)} < \frac{1}{\tau} + 1 \tag{2.70}$$

由此可以看出，债务人还款的概率与债权人的借款收回率呈正相关，即社会网络能够通过提高债务回收率来减少债务人违约给债权人带来的预期损失，进一步促进债权人为债务人提供信贷支持。

基于上述分析，在既有包含社会网络隐性担保机制的信贷交易模型基础之上，从借贷双方的视角分析了社会网络对家庭民间借贷的正向影响，通过设定借款人违约时需要承担一定的社会成本而体现社会网络在居民借贷过程中发挥的隐性担保作用，从而保证了债权人借出款项以及债务人借入款项的顺利进行。

综上所述，上文从地位寻求与隐性担保视角分析了社会网络对家庭负债行为的影响。基于地位寻求的研究视角，分析了处于社会网络中的家庭在追求更高社会地位时会将更多的资源用于购买地位性商品，并且证明这一攀比行为是无效的，出于购买地位性商品的动机会使家庭将未来的消费转移至现在，最终提高了家庭负债率，而社会网络所包含的促进互动的作用则会加剧这一影响。基于隐性担保视角，分析了社会网络对家庭民间借贷行为的影响，通过拓展既有包含社会网络隐性担保机制的信贷交易模型，从借贷双方的视角分析了社会网络对家庭民间借贷的正向影响，通过设定借款人违约时需要承担一定的社会成本而体现社会网络在居民借贷过程中发挥的隐性担保作用，从而保证了债权人借出款项以及债务人借入款项的顺利进行。本节从地位寻求与隐性担保两个角度论证了社会网络对家庭负债行为的正向影响，因此可以说明社会网络能够正向影响家庭负债行为。

本节从资产和负债角度分析了社会网络对家庭金融行为的影响，从促进互动和信息共享两个角度分别探讨了社会网络对家庭非金融资产行为与家庭金融资产行为的影响，论证了社会网络能够正向影响家庭资产行为；从地位寻求与隐性担保视角分析了社会网络对家庭负债行为的影响，论证了社会网络能够正向影响家庭负债行为。因此，基于以上论据，有理由说明社会网络能够正向影响家庭金融行为。

2.3.2　家庭金融行为影响收入差距的直接效应

基于本书的整体研究思路，在对社会网络影响家庭金融行为进行分析之后，需进一步分析家庭金融行为对收入差距的影响，因此本节对家庭金融行为影响收入差距的直接效应予以论证。

假设一个包含 i 和 j 两个部门的经济体，部门 i 为包含了家庭 i 的技术效率相对落后的传统部门，部门 j 为包含了家庭 j 的技术效率相对先进的现代部门，并且认为部门 i 生产效率低于部门 j。假设经济体中包含数量为 1 的劳动力，技术效率先进的现代部门中的劳动力数量为 L，技术效率相对落后的传统部门的劳动力数量则为 $1-L$。假设两部门在初始状态下的资本相同，且不包含家庭负债，各部门的产出水平仅与劳动力数量相关，即 $Q_j = f(L)$、$Q_i = f(1-L)$。Q_j 表示先进部门的产出水平，Q_i 为落后部门的产出水平，$f(\cdot)$ 为满足新古典假设的生产函数，即假定生产函数为一次齐次、二次可微、严格递增且拟凹的函数，并满足规模报酬不变和稻田条件。

经典文献认为，传统部门的收入水平低于技术效率相对先进的现代部门。因此，为不失一般性，假定传统部门 i 中家庭的收入为 1，现代部门 j 中家庭的收入为 ω，且 $\omega > 1$。因此，两个部门家庭间的资产负债水平没有差异时，其收入差距可以表示为

$$gap = Income_j - Income_i = \omega L - 1 \times (1-L) \tag{2.71}$$

其中，$Income_j$ 和 $Income_i$ 分别表示现代部门家庭和传统部门家庭的收入水平。

随着金融市场的不断完善以及人们观念的转变，传统部门和现代部门的家庭逐渐会选择通过金融中介进行借贷，并将借入的资金用于生产和消费。假设传统部门家庭与现代部门家庭之间资产负债率差异的绝对值为 alr_t，具体可以表示为

$$alr_t = \left| \frac{Debt_j(d_j)}{Assets_j(a_j)} - \frac{Debt_i(d_i)}{Assets_i(a_i)} \right| \tag{2.72}$$

其中，$Debt_i(d_i)$ 与 $Debt_j(d_j)$ 分别表示传统部门和现代部门的家庭债务水平，两个部门的家庭债务水平由前文中提到的两部门家庭的债务决策 d_i 与 d_j 决定；$Assets_i$ 与 $Assets_j$ 分别表示两个部门的家庭资产，两个部门的家庭资产水平由前文中提到的两个部门家庭的资产决策 a_j 与 a_i 决定。$\dfrac{Debt_j(d_j)}{Assets_j(a_j)}$ 与 $\dfrac{Debt_i(d_i)}{Assets_i(a_i)}$ 分别为两个部门的家庭资产负债率。根据前文的假设，传统部门的收入水平低于现代部门，则传统部门的家庭更倾向于借贷，并且经验事实表明传统部门家庭资产负债率的平均水平高于现代部门家庭，即农村家庭的相对负债水平较高（范莉珈等，2016）。

拥有资产和负债的家庭可以将自身资产和债务资金用于生产经营、投资以及消费，其转化效率为 φ。两个部门间收入差距的变化可以表示为

$$gap = Income_j - Income_i = (\omega L - \varphi alr) - 1 \times (1 - L) \qquad (2.73)$$

从式（2.73）可以看出，两个部门家庭资产负债率之间的差异是导致收入差距形成的重要因素。

由于现代部门的生产效率更高，因此具有更为优越的生活环境以及教育资源，再加上收入差距形成的心理波动，促使传统部门过剩的劳动力会向现代部门转移。因此可以认为两部门间劳动力的转移与工资收入以及收入差距有关。具体可以表示为

$$\dot{\Delta L} = g(\omega,\ \dot{gap}) \qquad (2.74)$$

其中，ΔL 为传统部门向现代部门转移的劳动力数量，函数 $g(\cdot)$ 满足：$g'(\cdot) > 0$，$g''(\cdot) < 0$（Todaro，1976）。

进一步讨论家庭效用函数，除消费外，家庭金融行为同样能够影响家庭效用。因此，可以将家庭的效用函数表示为

$$\int_0^{\infty} e^{-\rho t} u(c_t,\ alr_t)\, dt \qquad (2.75)$$

其中，c 为消费，ρ 为贴现因子，且满足 $0 < \rho < 1$，效用函数满足 $u'_c > 0$，$u''_{alr} < 0$。$u''_{alr} < 0$ 的原因在于两个部门家庭金融行为的差异程度越大，家庭成员的心理不平衡程度就会越大，效用就会降低。

基于上述分析，两个部门家庭按照最大化原则进行生产和消费，那么整个经济体的最优规划可以表示为

$$\max \int_0^{\infty} e^{-\rho t} u(c_t,\ alr_t)\, dt \qquad (2.76)$$

$$s.t. \begin{cases} \dot{gap} = (\omega L - \varphi alr) - 1 \times (1 - L) \\ \dot{\Delta L} = g(\omega, \dot{gap}) \end{cases} \quad (2.77)$$

以此为基础进一步构建现值 Hamilton 函数：

$$H(t, c, gap, alr, \Delta L) = u(\cdot) + \lambda_1 [(\omega L - \varphi alr) - 1 \times (1 - L)]$$
$$+ \lambda_2 g(\omega, \dot{gap}) \quad (2.78)$$

其中，$u(\cdot)$ 表示 $u(c_t, alr_t)$，λ_1 和 λ_2 为现值 Hamilton 乘子。根据式 (2.78)，可以得到控制系统的最优性条件：

$$\frac{\partial H}{\partial alr} = 0 \quad (2.79)$$

Euler 方程：

$$\begin{cases} \dot{\lambda_1} = \rho \lambda_1 - \dfrac{\partial H}{\partial gap} \\ \dot{\lambda_2} = \rho \lambda_2 - \dfrac{\partial H}{\partial \Delta L} \end{cases} \quad (2.80)$$

以及横截性条件：

$$\begin{cases} \lim\limits_{t \to \infty} \lambda_1 \times gap \times e^{-\rho t} = 0 \\ \lim\limits_{t \to \infty} \lambda_2 \times \Delta L \times e^{-\rho t} = 0 \end{cases} \quad (2.81)$$

由于前文对效用函数的设置为隐函数形式，故无法得到家庭金融行为与收入差距的显示解，从式 (2.79)、式 (2.80)、式 (2.81) 可以发现二者大致呈现以下关系：

$$\frac{\partial \dot{gap}}{\partial alr} = \frac{\lambda_1 \varphi - u'_{alr}}{\lambda_2 g'_{gap}} \quad (2.82)$$

$$\frac{\partial^2 \dot{gap}}{\partial alr^2} = \frac{-u''_{alr} \times \lambda_2 g'_{gap} - (\lambda_1 \varphi - u'_{alr}) \times \lambda_2 \left(g''_{gap} \times \dfrac{\lambda_1 \varphi - u'_{alr}}{\lambda_2 g'_{gap}} \right)}{(\lambda_2 g'_{gap})^2}$$
$$(2.83)$$

根据前文的假设与分析，在控制其他因素和参数的情况下，由式 (2.82) 可以看出家庭金融行为与收入差距间的一阶导数 $\dfrac{\partial \dot{gap}}{\partial alr} > 0$，即两部门间家庭金融行为的差异是影响收入差距的重要因素之一，并且家庭金融行为差异的扩大会导致收入差距的扩大。

通过建立两个部门模型分析了城乡家庭金融行为影响收入差距的直接

效应，可以理解为收入水平较低的农村家庭会通过借贷进行生产、投资或消费，从而导致农村家庭的资产负债率高于城市家庭，即城乡家庭金融行为存在差异。然而借贷虽然能够在短期内平滑消费以缩小农村家庭与城市家庭金融行为的差异，但长期来看借贷会增加农村家庭的还款压力。虽然城市家庭也会通过负债进行生产、投资和消费，但城市家庭较为雄厚的资产水平在一定程度上能够抵御家庭负债上升对家庭产生的冲击，而农村家庭较为薄弱的资产水平抵御负债冲击的效果较差，因此与城市家庭的资产负债率之差，即金融行为的差异会进一步扩大，最终扩大与城市家庭之间的收入差距。

2.3.3　社会网络视角下家庭金融行为影响收入差距的调节效应

基于社会网络对家庭金融行为的影响，以及家庭金融行为影响收入差距的直接效应，本书进一步提出社会网络视角下家庭金融行为影响收入差距的理论猜想，即社会网络会加剧家庭金融行为对收入差距的影响。

究其原因，农村家庭的资产和收入水平本就低于城市家庭，需要利用借贷来满足日常生产和投资对资金的需求，而社会网络在促进互动、攀比效应等方面对家庭负债行为均具有正向促进作用，农村家庭则会在一定程度上进一步模仿和攀比城市家庭的消费行为，从而选择通过负债来平滑当前消费，以缩小与城市家庭之间在生活水平上的差异。农村家庭的这一行为在短期内虽然能够起到平滑消费的作用，但从长期来看不断上升的家庭负债会导致农村家庭的资产负债状况持续恶化，具体表现为其家庭资产负债率的不断提高。城市家庭虽然也会通过负债进行生产、投资和消费，但城市家庭更为雄厚的资产水平和相对较高的收入水平在一定程度上能够抵御家庭负债上升对家庭产生的冲击，尚能维持相对乐观的家庭资产负债状况；而农村家庭较为薄弱的资产与收入水平抵御负债冲击的效果较差，随之产生的高额利息又增加了农村家庭的还款压力，不得不利用既有的收入还本付息，这一行为无疑会使资产负债状况本就不乐观的农村家庭"雪上加霜"。负债水平的不断提高对于收入水平较高的城市家庭的冲击较小，而农村家庭只能利用其微薄的收入还本付息，最终则会表现为与城市家庭收入的差距不断扩大。

因此，在社会网络的影响下，农村家庭的资产负债率会逐步提高，与城市家庭资产负债率之间的差异不断扩大，即城乡家庭金融行为的差异会进一步扩大，最终导致城乡家庭之间收入差距的不断扩大（见图 2.4）。

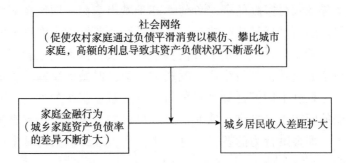

图 2.4 社会网络视角下家庭金融行为影响收入差距的调节效应

综上所述，基于上述分析，本书提出以下猜想：

猜想 1：社会网络会扩大城乡家庭金融行为的差异。

猜想 2：社会网络会加剧城乡家庭金融行为差异对收入差距的正向影响。

第3章 社会网络视角下中国居民家庭金融行为影响收入差距的事实描述

本章主要对社会网络视角下中国居民家庭金融行为影响收入差距的事实进行介绍与描述，力争对社会网络视角下中国居民家庭金融行为影响收入差距的现实情况形成较为直观的了解，并为后文的实证研究提供支持。

3.1 中国居民社会网络的经验事实

3.1.1 中国居民社会网络的总体特征

结合社会网络的概念界定与指标衡量，尝试从网络本身的功能以及社会行为的角度对社会网络予以度量，因此本节基于西南财经大学中国家庭金融调查 2011 年、2013 年、2015 年和 2017 年四年数据，尝试从功能角度描述我国社会网络的总体特征。

根据既有文献中衡量社会网络的指标，本节选取节假日收支与红白礼金收支为代表以考察我国社会网络的总体特征，具体结果如下。

图 3.1 为根据 2011—2017 年中国家庭金融调查数据整理出的家庭平均节假日收支占收入比重的分布图，其中"总"为全部样本的均值。可以看出，全部样本家庭年平均节假日收支占收入的比重为 4.1%，四年中占比最高的年份为 2011 年的 6.7%，占比最低的年份为 2013 年的 3.2%。

图 3.2 为根据 2011—2017 年中国家庭金融调查数据整理出的家庭平均红白礼金收支占收入比重的分布图，其中"总"为全部样本的均值。可以看出，全部样本家庭年平均红白礼金收支占总收入的比重为 4.6%，四年中占比最高的年份为 2015 年的 6.3%，占比最低的年份为 2013 年的 1.8%。

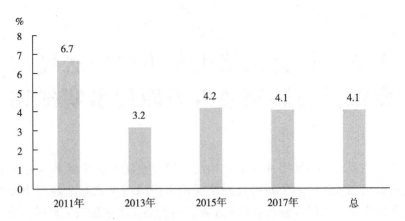

图 3.1　家庭平均节假日收支占收入比重

（资料来源：中国家庭金融调查）

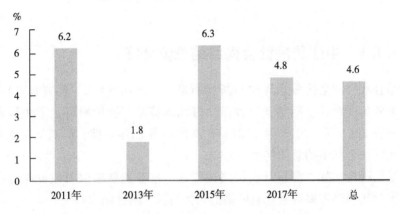

图 3.2　家庭平均红白礼金收支占收入比重

（资料来源：中国家庭金融调查）

　　图 3.3 为根据 2011—2017 年中国家庭金融调查数据整理出的家庭平均节假日收支金额的分布图，其中"总"为全部样本的均值。可以看出，全部样本家庭年平均节假日收支金额约为 1918 元，四年中金额最高的年份为 2011 年的 2224.246 元，金额最低的年份为 2013 年的 1253.810 元。

　　图 3.4 为根据 2011—2017 年中国家庭金融调查数据整理出的家庭平均红白礼金收支金额的分布图，其中"总"为全部样本的均值。可以看出，全部样本家庭年平均红白礼金收支金额约为 2308 元，四年中金额最高的年份为 2015 年的 2999.108 元，金额最低的年份为 2013 年的 1139.223 元。

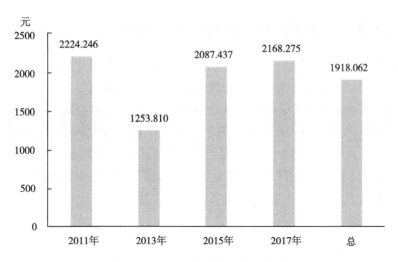

图 3.3　家庭平均节假日收支金额

（资料来源：中国家庭金融调查）

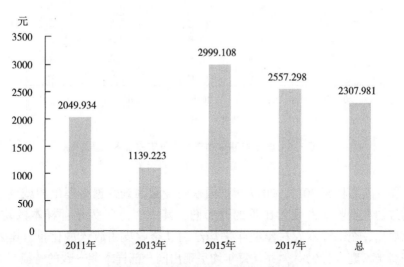

图 3.4　家庭平均红白礼金收支金额

（资料来源：中国家庭金融调查）

　　由此可以看出，我国家庭每年平均每项用于社会交往的资金占收入的比重大约为 4%，每项用于社会交往的资金约为 2000 元，但平均占比较高的年份与平均金额较高的年份并不对应，并且从年份来看平均占比与金额并未呈现出明显的上升或下降趋势。

3.1.2 中国居民社会网络的城乡比较

在明晰了中国居民社会网络的总体特征后，结合前文的理论分析与研究假设，进一步对城乡家庭进行比较分析，具体结果如下。

图 3.5 为根据 2011—2017 年中国家庭金融调查数据整理出的城乡家庭平均节假日收支占收入比重的分布图，其中"总"为全部样本的均值。可以看出，全部样本农村家庭年平均节假日收支占收入的比重（4.5%）高于城市家庭（3.9%），四年中除 2015 年外，其他年份均呈现出同全部样本相一致的特征。

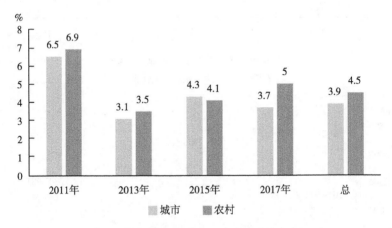

图 3.5 城乡家庭平均节假日收支占收入比重

（资料来源：中国家庭金融调查）

图 3.6 为根据 2011—2017 年中国家庭金融调查数据整理出的城乡家庭平均红白礼金收支占收入比重的分布图，其中"总"为全部样本的均值。可以看出，全部样本农村家庭年平均红白礼金收支占收入的比重（6.2%）高于城市家庭（3.9%），并且每年均呈现出同全部样本相一致的特征。

图 3.7 为根据 2011—2017 年中国家庭金融调查数据整理出的城乡家庭平均节假日收支金额的分布图，其中"总"为全部样本的均值。可以看出，全部样本城市家庭年平均节假日收支金额（2371.230 元）高于农村家庭（944.608 元），并且每年均呈现同全部样本相一致的特征。

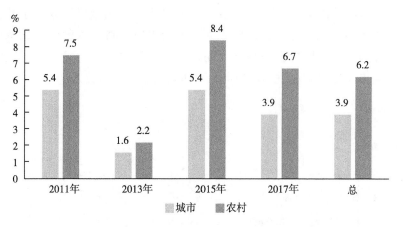

图 3.6　城乡家庭平均红白礼金收支占收入比重
（资料来源：中国家庭金融调查）

图 3.7　城乡家庭平均节假日收支金额
（资料来源：中国家庭金融调查）

图 3.8 为根据 2011—2017 年中国家庭金融调查数据整理出的城乡家庭平均红白礼金收支金额的分布图，其中"总"为全部样本的均值。可以看出，全部样本城市家庭年平均红白礼金收支金额（2493.105 元）高于农村家庭（1910.316 元），并且每年均呈现同全部样本相一致的特征。

由此可以看出，根据节假日收支与红白礼金收支所代表的社会网络来看，城乡家庭之间存在一定差异。具体而言，城市家庭社会交往资金的绝对金额高于农村家庭，但农村家庭用于社会交往的资金占其收入的比重要高于城市家庭。因此，可以在一定程度上说明，虽然城市家庭用于社会交往的支出较多，但农村家庭在日常生活中则更愿意将收入的较大比例用于社会交往与互动，即社会交往与互动在农村家庭之间更为普遍，并且农村家庭比城市家庭更加注重和依赖由此而建立的社会网络关系。

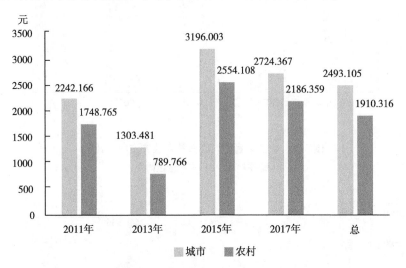

图3.8　城乡家庭平均红白礼金收支金额

（资料来源：中国家庭金融调查）

3.1.3　中国居民社会网络的事实评价

关于中国居民的社会网络，我国家庭每年平均每项用于社会交往的资金占收入的比重大约为4%，每项用于社会交往的资金约为2000元。此外，城市家庭社会交往资金的绝对金额高于农村家庭，但农村家庭用于社会交往的资金占其收入的比重要高于城市家庭。因此，可以在一定程度上说明，虽然城市家庭用于社会交往的支出较多，但农村家庭在日常生活中则更愿意将收入的较大比例用于社会交往与互动，即社会交往与互动在农村家庭之间更为普遍，并且农村家庭比城市家庭更加注重和依赖由此而建立的社会网络关系。

3.2　中国居民家庭金融行为的事实描述

在对中国居民社会网络的事实进行了简单的描述之后，需进一步讨论中国居民家庭金融行为的事实描述，结合家庭金融行为概念的界定，分别从资产和负债两个角度对中国居民家庭金融行为的事实进行描述。

3.2.1　中国居民家庭资产行为的现状

本节基于西南财经大学中国家庭金融调查2011年、2013年、2015年和2017年四年数据，对中国居民家庭资产行为的事实予以描述。以家庭资产行为概念为依据，将家庭资产分为非金融资产和金融资产，其中非金融资产包括农业和工商业资产、房产、车辆与其他非金融资产，金融资产主要包括银行存款、现金、股票、基金、债券、银行理财产品、外汇与其他金融资产，并分别从规模和结构两个角度描述中国居民家庭资产行为的总体特征；进一步对城乡家庭资产行为的事实进行比较分析。

1. 总体特征

首先，考察中国居民家庭平均资产规模的总体特征。

图3.9为根据中国家庭金融调查2011年、2013年、2015年和2017年四年数据绘制出的家庭平均资产规模。可以看出，四年间我国家庭平均资产规模整体呈现出上升趋势（除2013年微降外），由2011年的50.83万元上升至2017年的105.67万元。

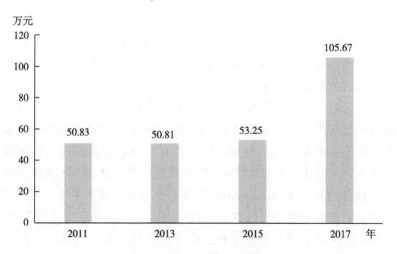

图3.9　家庭平均资产规模

（资料来源：中国家庭金融调查）

在分析了家庭平均资产规模之后，进一步分析家庭资产中非金融资产与金融资产的占比情况。

图 3.10 为根据中国家庭金融调查 2011 年、2013 年、2015 年和 2017 年四年数据绘制出的家庭资产结构图。从图中可以看出，我国家庭资产构成中非金融资产的占比基本保持在 80% 以上，反映出我国家庭资产中过高的非金融资产占比对金融资产形成了"挤出效应"，导致用于投资的金融资产相应减少。

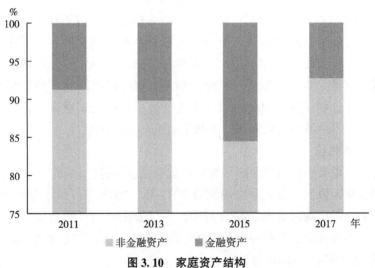

图 3.10　家庭资产结构

(资料来源：中国家庭金融调查)

表 3.1 反映了 2011 年、2013 年、2015 年和 2017 年四年我国家庭各类非金融资产的参与率与平均参与金额情况。关于参与率，前三年持有农业资产的家庭占比基本保持在 30% 左右，在 2017 年出现了小幅下滑；持有工商业资产的家庭占比没有大幅波动，基本保持在 15% 左右；持有自有房产的家庭占比呈现出一定的下降趋势，由 90.79% 下降至不到 20%，其原因可能与此期间不断上涨的房价有关；持有自有车辆的家庭占比在四年间平稳上升，由不到 15% 上升至 25.47%；持有其他资产的家庭占比围绕 20% 上下波动，2015 年之前低于 20%，2015 之后高于 20%。关于平均参与金额，家庭持有农业资产的平均金额在 2011—2015 年呈不断上升态势，但在 2017 年出现了较大幅度的下降；家庭持有工商业资产的平均金额整体呈现上升趋势，由 2011 年的 1.49 万元上升至 2017 年的 9.08 万元；家庭持有自有房产的平均金额在 2011—2015 年未出现较大幅度的变动，但在 2017 年出现大幅上涨，由 2015 年的不到 34 万元上升至 2017 年的 83 万元；家庭持有其他资产的平均金额在 2015 年以前基本保持在 4500 元，而在 2015 年之后上升至 2

万元以上。

表 3.1　家庭各类非金融资产持有情况

非金融资产类别	参与率（%）				平均参与金额（元）			
	2011 年	2013 年	2015 年	2017 年	2011 年	2013 年	2015 年	2017 年
农业	35.58	30.81	32.27	23.98	5945.70	9246.51	9850.90	2558.80
工商业	13.32	14.20	16.01	14.28	14894.10	11627.30	53729.30	90809.40
房产	90.79	68.18	13.55	19.27	423848.20	415755.60	343686.00	830585.60
汽车	14.50	18.57	23.32	25.47	14635.50	15187.90	19683.90	34338.40
其他	16.84	18.63	26.52	23.74	4433.69	4493.90	22634.90	21161.80

资料来源：中国家庭金融调查。

　　此外，图 3.11 反映了家庭各类非金融资产的占比情况。可以看出，自有房产与工商业资产是家庭非金融资产的主要组成部分，过高的房产占比是导致家庭资产中非金融资产占比过大的主要原因。

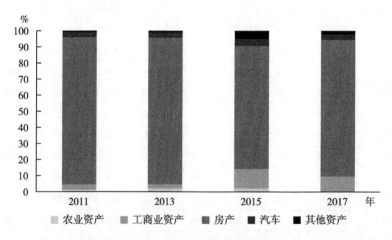

图 3.11　家庭非金融资产结构

（资料来源：中国家庭金融调查）

　　在明确了家庭非金融资产持有状况之后，进一步对家庭各类金融资产持有情况进行分析，表 3.2 反映了我国家庭各类金融资产的参与率与平均参与金额情况。关于参与率，可以看出 2011 年、2013 年、2015 年、2017 年四年间我国各类金融资产的参与情况没有出现大幅变化，参与现金和各类银行存款的家庭占比较大，分别在 90%以上以及 60%左右，股票和基金的参与率分别围绕 10%和 3%的水平上下浮动，而持有债券、衍生品等金融资产的家庭占比不到 1%；向他人的借出款在四年间出现小幅上升，由 2011 年的 11.67% 上升至 2017 年的 16.62%。因此，从参与率可以看出，我国家庭参与金融市场主要以现金和各类银行存款等无风险金融资产为主，对于股票、债券、基金等风险资产的参与率较低。关于平均参与金额，可以看出家庭平均持有现金量围绕 5000 元水平上下浮动，各类银行存款的平均参与金额在 2011 年与 2013 年不到 3 万元，而在 2015 年之后上升至 4 万元；家庭平均持有股票的市值在 2015 年最高，其余三年的平均参与金额均未超过 1 万元；家庭平均持有债券、衍生品、黄金以及非人民币资产的金额不到 1000 元，基金的平均参与金额在 2015 年之前不到 2000 元，而在 2015 年之后超过了 2500 元，各种理财的平均参与金额呈现稳步上升的趋势，反映了理财产品市场与基金市场也是我国家庭参与金融市场的另一主要渠道；借出款在风险资产中占有一定比例，在一定程度上说明我国出于人情进行借贷也在家庭金融资产中占有一席之地。

表 3.2　家庭各类金融资产持有情况

金融资产类别	参与率（%）				平均参与金额（元）			
	2011 年	2013 年	2015 年	2017 年	2011 年	2013 年	2015 年	2017 年
现金	93.13	93.30	93.20	90.35	4950.94	4573.10	6183.50	5749.80
存款	60.94	63.38	71.35	57.84	23460.30	28659.20	41336.07	39498.00
股票	8.82	7.89	10.08	8.60	6598.84	5504.30	12154.80	7835.22
债券	0.66	0.82	0.56	0.50	531.63	829.17	595.90	692.50
基金	3.61	3.77	3.54	3.10	1694.40	1758.30	3567.40	2537.20
衍生品	0.08	0.15	0.07	0.04	5.93	119.31	88.18	105.60
黄金	0.65	1.02	0.51	0.45	208.76	606.10	308.40	245.10
非人民币资产	1.32	1.10	0.20	0.17	384.03	692.90	758.70	324.40
理财	0.92	2.28	9.78	4.09	1373.79	3289.30	9798.60	7993.70
借出款	11.67	12.40	15.55	16.62	5284.93	5786.80	8122.00	12281.90

资料来源：中国家庭金融调查。

此外，图 3.12 为我国家庭风险资产和无风险资产在家庭金融资产中的占比情况。可以看出，无风险资产在我国家庭金融资产配置中的占比约为 60%，风险资产约占 40%，反映出我国家庭金融资产配置中无风险资产的占比较高，风险资产的占比较低。

图 3.13 为我国家庭的无风险金融资产结构。可以看出，现金在无风险金融资产中的占比不到 20%，反映出我国家庭无风险资产以各类银行存款为主，持有现金量不高。

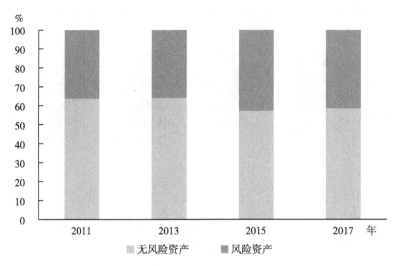

图 3.12　家庭金融资产结构

（资料来源：中国家庭金融调查）

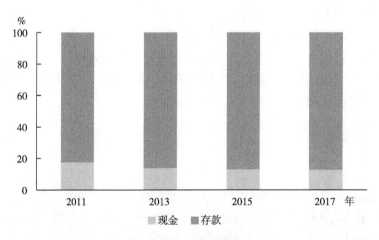

图 3.13　家庭无风险金融资产结构

（资料来源：中国家庭金融调查）

图 3.14 为我国家庭风险金融资产结构的分布图。可以看出，股票在我国家庭风险金融资产中占比较高，相比之下风险较小、收益稳定的债券占比较低，在一定程度上反映了我国家庭投资观念仍不成熟；基金和各类理财产品在家庭风险金融资产中约占 20%，反映出理财和基金市场也是家庭参与风险资产配置的主要渠道之一，相比之下衍生品、黄金以及其他非人民币资产的占比较低；借出款在风险金融资产中也占有较大比例，说明出

于人情往来等原因的借贷在家庭风险金融资产中占据一席之地。

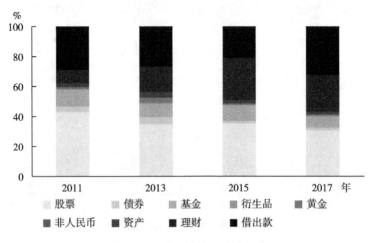

图 3. 14   家庭风险金融资产结构

（资料来源：中国家庭金融调查）

2. 城乡比较

在对我国家庭资产行为的总体特征进行描述之后，鉴于我国城乡二元结构特征，进一步对我国城乡家庭资产行为进行比较分析。

图 3.15 为我国城乡家庭平均资产规模的分布图。可以看出，四年间我国城市家庭的平均资产规模均大于农村家庭。

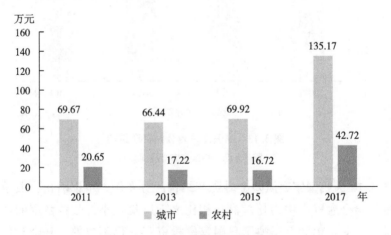

图 3. 15   城乡家庭平均资产规模

（资料来源：中国家庭金融调查）

图 3.16 为我国城乡家庭资产结构的分布图，左图为城市家庭，右图为

农村家庭。可以看出，城乡家庭呈现出较为相似的特征，非金融资产在家庭资产配置中的比例超过 80%，反映出我国城乡家庭非金融资产在我国家庭资产配置中占比过大的事实。

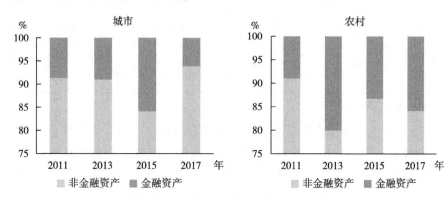

图 3.16　城乡家庭资产结构

（资料来源：中国家庭金融调查）

表 3.3 为城乡家庭非金融资产的持有情况。可以看出，城市家庭农业资产的参与率明显低于农村家庭，城市家庭工商业资产、自有汽车以及其他资产的参与率略高于农村家庭，城市家庭自有房产的参与率与农村家庭差别不大。

表 3.3　城乡家庭非金融资产持有情况

非金融资产类别	城市家庭参与率（%）				农村家庭参与率（%）			
	2011 年	2013 年	2015 年	2017 年	2011 年	2013 年	2015 年	2017 年
农业	12.36	11.87	13.85	23.95	72.75	71.53	72.81	24.06
工商业	15.36	16.67	18.40	16.42	10.05	8.91	10.76	9.68
房产	87.70	69.07	15.56	19.28	95.75	73.33	9.14	19.72
汽车	18.96	16.10	27.81	29.80	7.43	23.89	22.04	16.19
其他	20.45	19.76	31.28	23.82	11.07	14.22	16.05	23.55

资料来源：中国家庭金融调查。

表 3.4 为城乡家庭非金融资产的规模情况。可以看出，城市家庭除农业资产之外，其他非金融资产的平均参与规模均高于农村家庭，其主要原因在于城乡家庭在整体资产和财富积累方面差异较大。

表 3.4 城乡家庭非金融资产规模情况

非金融资产类别	城市家庭平均参与金额（元）				农村家庭平均参与金额（元）			
	2011 年	2013 年	2015 年	2017 年	2011 年	2013 年	2015 年	2017 年
农业	2718.40	5147.80	5318.10	2629.80	11112.80	18061.10	19857.50	2406.70
工商业	20749.30	15507.40	67040.60	101717.40	5519.36	3282.90	24443.40	67436.10
房产	585583.00	559226.00	462374.00	1109060.00	164892.30	107210.50	82788.20	233956.00
汽车	20500.90	19694.50	24998.60	34406.30	5244.30	5495.99	8041.90	34193.10
其他	6556.05	4954.80	28434.40	21088.30	1035.50	3594.70	9877.90	21319.10

资料来源：中国家庭金融调查。

图 3.17 为城乡家庭非金融资产结构的分布图，左图为城市家庭，右图为农村家庭。可以看出，城乡家庭在非金融资产配置方面相似性与差异性并存，相似性体现在房产在城乡家庭非金融资产的占比最高，而差异性体现在城市家庭除房产外工商业资产的占比较高，而农村家庭的农业资产占比较高，并且城市家庭自有车辆在非金融资产中的占比低于农村家庭。

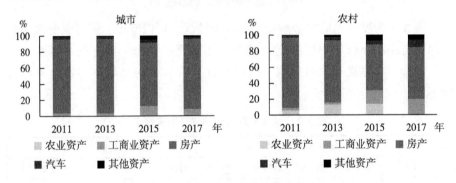

图 3.17 城乡家庭非金融资产结构
（资料来源：中国家庭金融调查）

表 3.5 为城乡家庭金融资产的参与情况。可以看出，城乡家庭现金参与率差别不大，城市家庭各类银行存款的参与率略高于农村家庭，反映出我国城乡家庭对于无风险资产的参与差别不大。在风险资产方面，城市家庭股票、基金以及各类理财产品的参与率明显高于农村家庭，债券、衍生品、黄金、非人民币资产与借出款方面城乡家庭差异不明显，反映出城乡家庭在风险资产的参与方面存在不平衡。

表 3.5　城乡家庭金融资产参与情况

金融	城市家庭参与率（%）				农村家庭参与率（%）			
资产类别	2011 年	2013 年	2015 年	2017 年	2011 年	2013 年	2015 年	2017 年
现金	94.32	92.83	94.59	90.25	91.21	86.61	90.15	90.54
存款	70.06	65.08	78.16	57.62	46.33	54.58	56.38	58.31
股票	13.30	11.42	14.41	12.37	1.63	0.29	0.57	0.57
债券	0.85	0.91	0.78	0.53	0.37	0.57	0.09	0.48
基金	5.43	4.12	5.04	3.16	0.71	0.85	0.25	2.95
衍生品	0.13	0.16	0.10	0.063	0	0.10	0	0.029
黄金	0.89	1.15	0.67	0.50	0.28	0.69	0.17	0.35
非人民币资产	1.77	1.28	0.27	0.23	0.59	0.67	0.04	0.14
理财	1.42	2.61	13.54	4.35	0.12	1.49	1.36	3.97
借出款	12.92	12.00	17.44	18.51	9.68	11.89	11.38	12.57

资料来源：中国家庭金融调查。

表 3.6 为我国城乡家庭金融资产规模情况。可以看出，城市家庭持有现金和各类银行存款的规模均高于农村家庭，并且各类风险资产的参与规模也呈现相同特征，主要原因在于城乡家庭在整体资产和财富积累方面差异较大。

表 3.6　城乡家庭金融资产规模情况

金融	城市家庭平均参与金额（元）				农村家庭平均参与金额（元）			
资产类别	2011 年	2013 年	2015 年	2017 年	2011 年	2013 年	2015 年	2017 年
现金	6169.12	4762.00	7311.00	6047.30	2957.27	4194.00	3709.20	5112.20
存款	31634.13	32168.10	54221.40	39699.30	10373.01	21069.60	14052.00	39067.00
股票	9783.03	8020.51	17467.00	11399.30	1500.60	92.94	489.61	199.09
债券	853.88	1073.8	822.90	704.50	15.67	331.60	96.63	666.80
基金	2593.90	2048.70	5133.90	2695.40	254.15	1188.90	126.30	2198.30
衍生品	9.63	159.75	128.30	181.40	0	34.10	0	70.30
黄金	317.87	739.20	437.40	288.30	34.08	231.60	24.70	152.50
非人民币资产	557.50	859.20	1094.90	653.40	106.20	365.90	19.30	170.90
理财	2072.41	3893.20	13938.90	9106.80	225.86	2157.30	716.20	7474.60
借出款	6596.57	6169.80	10480.20	12031.00	3186.87	4881.80	2936.20	12820.00

资料来源：中国家庭金融调查。

图 3.18 为城乡家庭无风险金融资产结构的分布图。可以看出，城乡家庭在无风险金融资产结构方面具有相似性，体现在各类银行存款在家庭无

风险金融资产中的占比比较大，而现金的占比比较小。

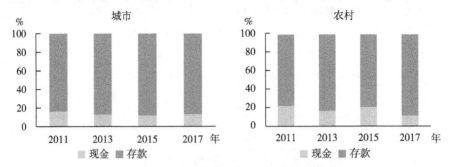

图 3.18　城乡家庭无风险金融资产结构

（资料来源：中国家庭金融调查）

图 3.19 为城乡家庭风险金融资产结构的分布图。从图中可以直观地看出，城乡家庭风险金融资产配置之间存在明显的差异。城市家庭平均持有股票的市值占其风险金融资产的 20%~30%，而农村家庭平均所持股票占比明显低于 20%；此外，借出款在农村家庭风险金融资产中的占比明显高于城市家庭，而其他风险金融资产的占比低于城市家庭，加上农村家庭对于各项风险金融资产的参与率和平均参与金额均低于城市家庭，在一定程度上说明了农村家庭对于真正意义的金融市场参与程度较低。

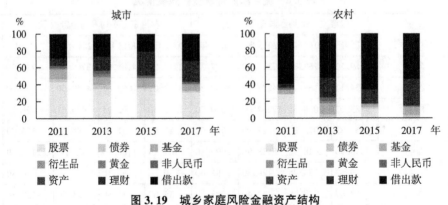

图 3.19　城乡家庭风险金融资产结构

（资料来源：中国家庭金融调查）

综上所述，本节基于 2011—2017 年中国家庭金融调查数据，对四年间我国家庭资产行为的事实进行了简要描述。

从规模层面来看，我国家庭平均资产规模整体呈现上升趋势；从结构层面来看，我国家庭资产构成中非金融资产的占比较大，反映出我国家庭资产中过高非金融资产占比对金融资产形成了"挤出效应"，导致用于投资的金融资产相应减少。进一步地，对于我国家庭非金融资产而言，自有房产与工商业资产是我国家庭非金融资产的主要组成部分，过高的房产占比是导致家庭资产中非金融资产占比过大的主要原因。对于我国金融资产而言，我国家庭金融资产配置中无风险资产的占比较高，风险资产的占比较低。其中我国家庭无风险资产以各类银行存款为主，持有现金量不高；风险资产配置中股票的占比较高，相比之下风险较小、收益稳定的债券占比较低，在一定程度上反映了我国家庭投资观念仍不成熟。理财和基金市场也是家庭参与风险资产配置的主要渠道之一，衍生品、黄金以及其他非人民币资产的占比较低。借出款在风险金融资产中也占有较大比例，说明出于人情往来等原因的借贷在家庭风险金融资产中占据一席之地。

关于我国城乡家庭资产行为的比较分析结果，四年间我国城市家庭的平均资产规模大于农村家庭，并且城乡家庭的非金融资产均在其家庭资产配置中占比较大。对于非金融资产而言，城市家庭除农业资产之外，其他非金融资产的平均参与规模均高于农村家庭，其主要原因在于城乡家庭在整体资产和财富积累方面差异较大。对于金融资产而言，城市家庭持有现金和各类银行存款的规模均高于农村家庭，并且各类风险资产的参与规模也呈相同特征。此外，城乡家庭在无风险金融资产结构方面具有相似性，体现在各类银行存款在家庭无风险金融资产中的占比较大，而现金的占比较小；而在风险金融资产配置方面存在差异，具体表现为股票在城市家庭风险金融资产中的占比高于农村家庭，但借出款的占比却小于农村家庭，在一定程度上说明了农村家庭对于真正意义的金融市场参与程度较低，综合反映出城乡家庭在风险资产的参与方面存在不平衡。

3.2.2　中国居民家庭负债行为的现状

在简要地描述了中国居民家庭资产行为的事实后，进一步分析中国居民家庭负债行为的事实。

1. 总体特征

首先，考察我国家庭负债参与率和平均负债规模的总体特征。

图 3.20 为根据中国家庭金融调查 2011 年、2013 年、2015 年、2017 年四年数据绘制出的家庭负债参与率的分布图①。可以看出，2011 年与 2015

---

① 在 2013 年中国家庭金融调查中，家庭负债的相关数据存在一定数量的异常值，本节有关 2013 年家庭负债的相关内容为去除异常值之后的结果。

年具有负债的家庭占当年全部家庭的比例超过了60%，而2013年和2017年具有负债的家庭占当年全部家庭的比例不到50%，反映出我国家庭负债的参与率大致为50%。

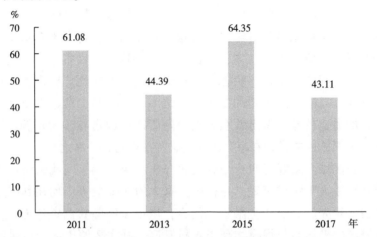

图 3. 20　家庭负债参与率

（资料来源：中国家庭金融调查）

　　图3.21为根据中国家庭金融调查2011年、2013年、2015年和2017年四年数据绘制出的家庭负债平均参与规模的分布图。可以看出，除2013年相比于2011年出现了下降外，2013年之后我国家庭债务规模基本保持上升的趋势，由2013年的3.49万元上升至2017年的7.18万元。

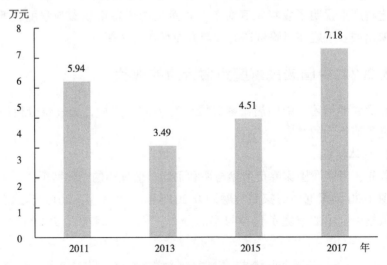

图 3. 21　家庭负债平均参与规模

（资料来源：中国家庭金融调查）

在分别考察了我国负债整体的参与率与规模之后，鉴于家庭负债通常有正规金融与非正规金融两种渠道，因此需进一步对家庭负债渠道进行分析。

表 3.7 为我国家庭负债渠道的选择情况。关于参与率，具有负债的家庭正规渠道的参与率在四年间大致呈上升趋势，在 2013 年之前非正规金融渠道的参与率高于正规渠道，但在 2013 年之后正规渠道的参与率开始高于非正规渠道，在一定程度上说明了我国不断发展的金融市场可以满足越来越多家庭负债的需求；关于平均参与金额，正规与非正规渠道的变化较为一致，均表现为除 2013 年相比于 2011 年出现了下降外，2013 年之后基本保持上升的趋势。

表 3.7　家庭负债渠道选择情况

负债渠道	参与率（%）				平均参与金额（元）			
	2011 年	2013 年	2015 年	2017 年	2011 年	2013 年	2015 年	2017 年
正规	31.02	41.41	45.59	59.51	43150.56	29370.30	31248.80	55409.10
非正规	85.16	76.42	31.27	54.78	16216.80	5502.38	13656.40	16403.90

资料来源：中国家庭金融调查。

图 3.22 为我国家庭负债渠道的结构分布。可以看出，我国家庭在进行负债时以正规金融渠道为主，但通过民间借贷等非正规金融渠道获得的债务占比除 2013 年低于 20%外，其他年份均超过 20%，因此不能否认和忽视民间借贷对满足我国家庭负债需求方面所作的贡献及其所起到的对正规金融渠道的重要补充作用。

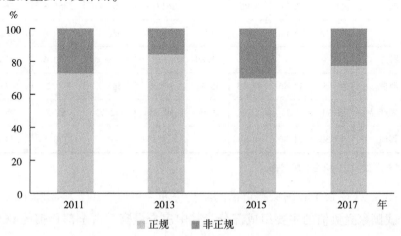

图 3.22　家庭负债渠道结构

（资料来源：中国家庭金融调查）

进一步地，针对不同负债类别，对我国家庭负债的结构进行分析。

表 3.8 反映了我国家庭的负债结构，其中 2011 年农业负债与医疗负债的相关数据以及 2013 年的医疗负债线管数据存在缺失。关于参与率①，2013 年之前持有房贷的家庭占比均保持在 55% 以上，虽然在 2013 年之后出现了一定程度的下降，但仍占全部家庭样本的四分之一左右；消费的参与率在四年间出现了明显的上升，说明使用信用卡进行消费已开始被各个家庭所接受；通过负债来购买金融产品的家庭微乎其微，在全部家庭样本中的占比不到 1%，其余类型负债参与率在四年间并未呈现明显的上升或下降趋势。关于平均参与金额，农业负债的平均参与金额在 2013—2017 年呈现出一定的上升趋势，房贷规模表现为除 2013 年相比于 2011 年出现了下降外，2013 年之后基本保持上升的趋势；消费的平均规模与参与率的变化大体一致，四年间不断上升，进一步反映出信用卡在我国家庭消费中普及率的提升。

表 3.8　我国家庭负债结构

负债类别	参与率（%）				平均参与金额（元）			
	2011 年	2013 年	2015 年	2017 年	2011 年	2013 年	2015 年	2017 年
农业	—	14.76	6.68	16.22	—	1784.5	3289.7	3409.8
工商业	22.60	9.86	5	6.10	19143.07	8058.5	8545.7	8210.7
房屋	78.19	58.38	23.31	36.81	33195.3	20900.7	30652.5	45743.7
汽车	11.16	7.65	3.95	9.12	2617.8	1796.89	2855.3	1760.8
教育	13.15	15.08	4.47	7.51	1260.4	532.2	354.6	942.5
医疗	—	—	7.66	11.80			1320.6	1579.3
消费	8.98	12.86	27.33	45.71	160.6	341.7	590.2	1043.2
金融产品	0.39	0.35	0.2	0.29	80.35	212.73	185.7	340.9
其他	10.32	14.36	4.14	8	3243.7	1115.3	2170.1	3143.8

资料来源：中国家庭金融调查。

图 3.23 反映了我国家庭负债的结构分布。可以看出，房屋和工商业贷款是我国家庭负债的主要组成部分，其中房贷最高，占全部负债的 60% 以

---

① 此处的参与率表示持有某项负债的家庭占全部持有负债家庭的比例。

上，并且这一比例在逐渐上升；工商业贷款的占比在 2011 年为 30%，但之后呈下降趋势，其余负债的占比在 20% 以内上下波动。这一事实与前文房产在家庭资产中过高的占比相对应，反映出我国家庭负债中房贷的比例过高，在一定程度上"挤出"了其他用途的负债。

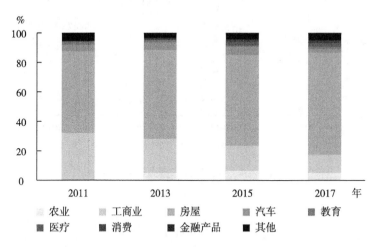

图 3.23　我国家庭负债结构分布

（资料来源：中国家庭金融调查）

2. 城乡比较

在对我国家庭负债行为的总体特征进行描述之后，鉴于我国城乡二元结构特征，进一步对我国城乡家庭负债行为进行比较分析。

图 3.24 反映了我国城乡家庭的负债参与率[①]。可以看出，在负债参与率方面城乡家庭呈现出一定的差异性，具体表现为四年间城市家庭的负债参与率均低于农村家庭，因此在一定程度上可以说明农村家庭日常的负债需求大于城市家庭。

图 3.25 反映了我国城乡家庭的平均负债金额。可以看出，在平均负债金额方面城乡家庭呈现出一定的差异性，具体表现为四年间城市家庭的平均负债金额均高于农村家庭。结合前文关于城乡家庭负债参与率的讨论，城市家庭的负债参与率虽然低于农村家庭，但平均负债金额却高于农村家庭。

---

① 此处的参与率表示持有负债的城市（农村）家庭占全部城市（农村）家庭的比例。

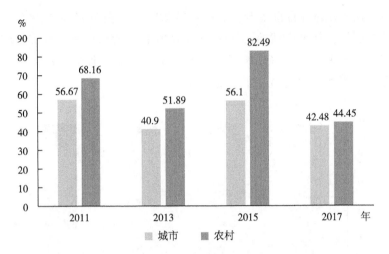

图 3. 24　我国城乡家庭负债参与率

（资料来源：中国家庭金融调查）

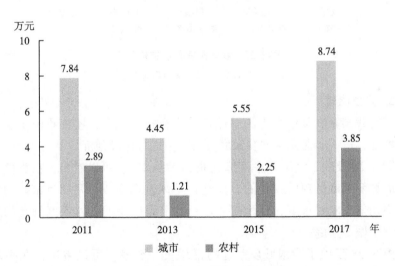

图 3. 25　我国城乡家庭平均负债金额

（资料来源：中国家庭金融调查）

表 3.9 反映了我国城乡家庭负债渠道的参与率。可以看出，我国具有负债的城市家庭和农村家庭在正规负债渠道参与率方面具有相似性，体现为四年间城市家庭和农村家庭正规渠道参与率均呈现逐渐上升的趋势；相比之下，我国城市家庭和农村家庭在非正规负债渠道参与率方面具有差异性，具体表现为四年间我国农村家庭非正规负债渠道的参与率均高于城市家庭，并且农村家庭非正规渠道的参与率高于正规渠道。因此在一定程度上可以

说明，农村家庭更倾向于借助民间借贷等非正规负债渠道满足其负债需求。

表 3.9　我国城乡家庭负债渠道参与率

负债渠道	城市家庭参与率（%）				农村家庭参与率（%）			
	2011 年	2013 年	2015 年	2017 年	2011 年	2013 年	2015 年	2017 年
正规	37.07	48.71	59.15	73.77	22.98	29.05	25.25	30.30
非正规	79.34	68.72	27.44	40.61	92.90	89.47	37.01	83.76

资料来源：中国家庭金融调查。

表 3.10 反映了我国城乡家庭负债渠道的平均参与金额。可以看出，无论正规或非正规负债渠道，城市家庭的平均规模均高于农村家庭，其主要原因在于城乡家庭在整体负债规模方面差异较大。

表 3.10　我国城乡家庭负债渠道平均参与金额

负债渠道	城市家庭平均参与金额（元）				农村家庭平均参与金额（元）			
	2011 年	2013 年	2015 年	2017 年	2011 年	2013 年	2015 年	2017 年
正规	59837.80	38898.10	41410.70	71378.00	16432.30	6915.60	9160.50	21194.80
非正规	18555.00	5655.30	13792.50	15975.00	12473.20	5142.00	13358.30	17322.90

资料来源：中国家庭金融调查。

图 3.26 反映了我国城乡家庭的负债渠道结构，其中左图为城市家庭，右图为农村家庭。可以看出，我国城乡家庭在负债渠道结构方面存在一定差异性，城市家庭通过正规金融渠道获得的负债金额占比大于农村家庭，进一步证实了前文关于农村家庭更倾向于借助民间借贷等非正规负债渠道满足其负债需求的观点。

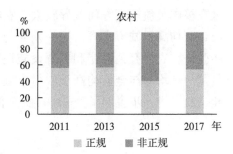

图 3.26　我国城乡家庭负债渠道结构

（资料来源：中国家庭金融调查）

表 3.11 反映了我国城乡家庭的负债参与情况。可以看出，我国城乡家

庭在负债参与率方面存在一定差异①。农村家庭关于农业负债的参与率整体高于城市家庭；城市家庭关于房屋和金融产品贷款的参与率均高于农村家庭；农村家庭关于教育和医疗负债的参与程度均高于城市家庭，体现了农村有关医疗和教育设施还存在进一步完善的空间；城市家庭消费贷款的参与率高于农村家庭，说明信用卡在城市家庭的普及率均高于农村家庭。

表 3.11 我国城乡家庭负债参与情况

负债类别	城市家庭参与率（%）				农村家庭参与率（%）			
	2011 年	2013 年	2015 年	2017 年	2011 年	2013 年	2015 年	2017 年
农业	—	4.40	2.33	4.22	—	32.33	13.20	40.78
工商业	13.87	12.17	6.34	6.81	34.21	5.93	2.96	4.65
房屋	78.02	60.79	27.83	37.74	78.43	54.29	16.56	34.89
汽车	9.75	9.04	4.93	8.66	13.03	5.31	2.5	9.65
教育	9.65	11.33	3.32	5.14	17.82	21.45	6.19	12.37
医疗	—	—	5.57	7.44	—	—	10.78	20.72
消费	12.71	17.97	42.16	59.11	4.03	4.19	5.34	17.39
金融产品	0.65	0.55	0.31	0.41	0.05	0.02	0.03	0.04
其他	7.92	11.57	4.07	6.70	13.52	19.10	4.24	10.65

资料来源：中国家庭金融调查。

表 3.12 反映了我国城乡家庭的平均负债金额。可以看出，我国城乡家庭在平均负债金额方面存在一定差异。农村家庭持有农业负债的平均金额均高于城市家庭，但就工商业负债而言低于城市家庭；城市家庭关于房屋、汽车和金融产品负债的平均金额均高于农村家庭，其主要原因在于城乡家庭在整体负债规模方面差异较大；农村家庭有关教育和医疗负债的平均参与金额均高于城市家庭，这一差异与前文参与率的分析结果相一致，进一步验证了农村有关医疗和教育设施还需进一步完善的观点；城市家庭消费贷款的平均参与金额均高于农村家庭，这一差异与前文参与率的分析结果相一致，进一步说明了需进一步提高信用卡在农村家庭的普及率。

---

① 此处的参与率表示持有某项负债的城市（农村）家庭占全部持有负债的城市（农村）家庭的比重。

表 3.12　我国城乡家庭平均负债金额

负债类别	城市家庭平均参与金额（元）				农村家庭平均参与金额（元）			
	2011 年	2013 年	2015 年	2017 年	2011 年	2013 年	2015 年	2017 年
农业	—	1333.52	3133.1	1657.7	—	2847.3	3634.1	7163.8
工商业	24677.6	10075.2	11551.4	9937.8	10281.6	3305.6	1934.2	4510.3
房屋	45506.8	28674.4	39322.7	61092.2	13483.3	2579.5	11644.7	12858.7
汽车	3534.02	2142.1	3531.2	1989.9	1150.72	983.2	1368.8	1270
教育	1161.2	435.89	225.5	808.5	1419.2	759.35	638.5	1229.5
医疗	—	—	1050.7	1147.5	—	—	1914.4	2504.4
消费	231.97	465.8	825.9	1363.5	46.32	49.19	72.15	356.9
金融产品	130.54	303	266.4	493.5	0	0	8.24	14.1
其他	3628.2	960.5	2305.4	3399.9	2628.1	1480.3	1872.6	2595.1

资料来源：中国家庭金融调查。

图 3.27 反映了我国城乡家庭负债结构的分布，可以看出，城乡家庭在负债结构的分布方面存在较大差异，具体体现为农村家庭农业负债的占比高于城市家庭，城市家庭房屋贷款的占比高于农村家庭，并且城市家庭的房贷占比在不断上升，而农村家庭教育和医疗负债的占比高于城市家庭。因此，结合前文关于参与率和平均参与规模的分析，城市家庭通过负债购买房屋的需求更为旺盛，并且不排除因高额的房贷而对其他用途负债产生"挤出效应"的可能。

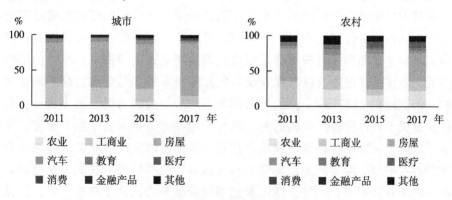

图 3.27　我国城乡家庭负债结构分布

（资料来源：中国家庭金融调查）

综上所述，本节结合中国家庭金融调查 2011 年、2013 年、2015 年和 2017 年四年的数据，对我国家庭负债行为的事实进行了简要描述。

本节首先对家庭总体的负债参与情况予以考察，关于总体参与率，我国持有负债的家庭占全部家庭样本的半数左右；关于平均参与规模，2013—2017年我国家庭债务规模基本保持上升的趋势。本节进一步考察了家庭在进行负债时的渠道选择，具体表现为正规金融渠道是我国家庭的主要选择，2013年之后我国家庭对于正规渠道的参与率和参与金额在不断提升，在一定程度上说明了我国不断发展的金融市场可以满足越来越多家庭负债的需求；但通过民间借贷等非正规金融渠道获得的债务占比超过20%，因此不能否认和忽视民间借贷对满足我国家庭负债需求方面所作的贡献及其所起到的对正规金融渠道的重要补充作用。关于我国家庭的负债结构，房屋和工商业贷款是我国家庭负债的主要组成部分，其中房贷最高，占全部负债的60%以上，并且房贷的绝对金额与占比在逐渐上升，在一定程度上反映出我国家庭负债中房贷的比例过高，在一定程度上"挤出"了其他用途的负债；此外，通过信用卡消费的家庭占比与参与金额均在四年间不断上升，反映出信用卡在我国家庭消费中普及率的提升。

在对我国家庭负债行为的总体特征进行描述之后，对我国城乡家庭负债行为进行比较分析，结果体现了我国城乡家庭的负债行为具有一定的差异性。具体体现为，拥有负债的城市家庭占比低于农村家庭，但参与金额却高于农村家庭。我国城乡家庭在渠道选择方面同时具有相似性与差异性，相似性表现为城乡家庭对于正规渠道的参与率四年间不断上升；其差异性具体表现为四年间我国农村家庭非正规负债渠道的参与率均高于城市家庭，且农村家庭非正规渠道的参与率高于正规渠道；此外，农村家庭通过非正规渠道获得的负债占比高于城市家庭，因此在一定程度上可以说明农村家庭更倾向于借助民间借贷等非正规负债渠道满足其负债需求。在负债结构方面，差异性体现为农村家庭农业负债的参与率和参与金额均高于城市家庭，但房屋和金融产品贷款的参与率与平均参与金额均低于城市家庭；农村家庭关于教育和医疗负债的参与率与平均参与金额均高于城市家庭，体现了农村有关医疗和教育设施还存在进一步完善的空间；城市家庭消费贷款的参与率与平均消费金额均高于农村家庭，说明信用卡在城市家庭的普及率高于农村家庭；此外，城市家庭房屋贷款的占比高于农村家庭，并且城市家庭的房贷占比在不断上升，而农村家庭教育和医疗负债的占比均高于城市家庭，在一定程度上反映出城市家庭通过负债购买房屋的需求更为旺盛，并且不排除因高额的房贷而对其他用途负债产生"挤出效应"的可能。

3.2.3　中国居民家庭资产负债行为的综合现状

在分别从资产和负债两个角度对我国家庭金融行为的事实进行了简要描述之后，由于本书的研究对象为家庭金融行为，因此最后还需要对中国居民家庭资产负债行为的综合事实予以描述。结合前文理论模型中关于家庭资产负债综合行为的指标设定，本节尝试对中国居民家庭资产负债率的总体特征予以描述，并对城市家庭和农村家庭进行比较分析。

1. 总体特征

图 3.28 为结合中国家庭金融调查 2011 年、2013 年、2015 年、2017 年四年数据绘制出的我国家庭资产负债率分布图，其中"总"为全部样本的平均值。可以看出，2011 年的家庭资产负债率最高，到 2013 年出现大幅下降，之后开始逐步提高；其次，全部家庭样本的资产负债率水平约为 6.53%。

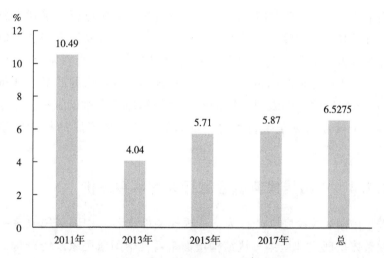

图 3.28　我国家庭资产负债率分布

(资料来源：中国家庭金融调查)

2. 城乡比较

在对我国家庭资产负债率的总体特征进行描述之后，鉴于我国城乡二元结构特征，进一步对我国城乡家庭资产负债率进行比较分析。

图 3.29 反映了我国城乡家庭资产负债率的分布情况，可以看出城乡之间具有较为明显的差异，体现为无论是分年度还是全部家庭样本，农村家庭的资产负债率均高于城市家庭，在一定程度上说明了我国农村家庭相对

负债水平较高。

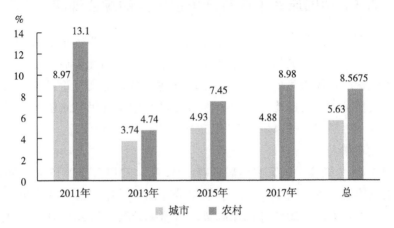

图 3.29 我国城乡家庭资产负债率分布

(资料来源：中国家庭金融调查)

综上所述，本节对我国家庭资产负债的综合事实进行了描述。总体而言，全部家庭样本的资产负债率水平约为 6.53%；城乡家庭的资产负债率之间存在较为明显的差异，表现为农村家庭的资产负债率高于城市家庭。结合前文关于家庭资产和负债行为事实的描述，城市家庭的资产和负债规模均高于农村家庭，但农村家庭的资产负债率却高于城市家庭，在一定程度上体现了城乡家庭金融行为之间的差异，即农村家庭的相对负债水平较高。

3.2.4 中国居民家庭金融行为的事实评价

关于中国居民家庭资产行为，从规模层面来看，中国居民家庭平均资产规模整体呈现上升趋势；从结构层面来看，中国居民家庭资产构成中非金融资产的占比较大，反映出中国居民家庭资产中过高的非金融资产占比对金融资产形成了"挤出效应"，导致用于投资的金融资产相应减少。对于中国居民家庭非金融资产而言，自有房产与工商业资产是我国家庭非金融资产的主要组成部分，过高的房产占比是导致家庭资产中非金融资产占比过大的主要原因。对于金融资产而言，我国家庭金融资产配置中无风险资产的占比较高，风险资产的占比较低，其中我国家庭无风险资产以各类银行存款为主，持有现金量不高。风险资产配置中股票的占比较高，相比之下，风险较小、收益稳定的债券占比较低，在一定程度上反映了我国家庭投资观念仍不成熟；理财和基金市场也是家庭参与风险资产配置的主要渠道之一，衍生品、黄金以及其他非人民币资产的占比较低；借出款在风险金融资产中也占有较大比例，说明出于人情往来等原因的借贷在家庭风险金融资产中占据一席之地。此外，四年间我国城市家庭的平均资产规模大于农村家庭，并且城乡家庭的非金融资产均在其家庭资产配置中占比较大。对于非金融资产而言，城市家庭除农业资产外，其他非金融资产的平均参与规模均高于农村家庭，其主要原因在于城乡家庭在整体资产和财富积累方面差异较大。对于金融资产而言，城市家庭持有现金和各类银行存款的规模均高于农村家庭，并且各类风险资产的参与规模也呈现相同特征。城乡家庭在无风险金融资产结构方面具有相似性，体现在各类银行存款在家庭无风险金融资产中的占比较大，而现金的占比较小；而在风险金融资产配置方面存在差异，具体表现为股票在城市家庭风险金融资产中的占比高于农村家庭，但借出款的占比却小于农村家庭，在一定程度上说明了农村家庭对于真正意义的金融市场参与程度较低，综合反映出城乡家庭在风险资产的参与方面存在不平衡。

关于中国居民家庭负债行为，我国持有负债的家庭占全部家庭样本的半数左右，且 2013—2017 年我国家庭债务规模基本保持上升的趋势。其中，正规金融渠道是我国家庭的主要选择，2013 年之后我国家庭对于正规渠道的参与率和参与金额在不断提升，在一定程度上说明了我国不断发展的金融市场可以满足越来越多家庭负债的需求；但通过民间借贷等非正规金融渠道获得的债务占比超过 20%，因此不能否认和忽视民间借贷对满足我国家庭负债需求方面所作的贡献及其所起到的对正规金融渠道的重要补充作用。对于我国家庭的负债结构，一方面，房屋和工商业贷款是我国家庭负债的主要组成部分，其中房贷最高，占全部负债的 60% 以上，并且房贷的绝对金额与占比在逐渐上升，在一定程度上反映出我国家庭负债中房贷的比例过高，在一定程度上"挤出"了其他用途的负债；另一方面，通过信用卡消费的家庭占比和参与金额均在四年间不断上升，反映出信用卡在我国家庭消费中普及率的提升。此外，拥有负债的城市家庭占比低于农村家庭，但参与金额却高于农村家庭。我国城乡家庭在渠道选择方面同时具有相似性与差异性，相似性表现为城乡家庭对于正规渠道的参与率四年间不断上升；其差异性具体表现为四年间我国农村家庭非正规负债渠道的参与率均高于城市家庭，且农村家庭非正规渠道的参与率高于正规渠道，加上农村家庭通过非正规渠道获得的负债占比高于城市家庭，因此在一定程度上可以说明农村家庭更倾向于借助民间借贷等非正规负债渠道满足其负债需求。在负债结构方面，差异性一方面体现为农村家庭农业负债的参与率和参与金额高于城市家庭，但房屋和金融产品贷款的参与率和平均参与金额均低于城市家庭；农村家庭关于教育和医疗负债的参与率和平均参与金额均高于城市家庭，体现了农村有关医疗和教育设施还存在进一步完善的空间；城市家庭消费贷款的参与率和平均消费金额均高于农村家庭，说明信用卡在城市家庭的普及率高于农村家庭。另一方面，城市家庭房屋贷款的占比高于农村家庭，并且城市家庭的房贷占比在不断上升，而农村家庭教育和医疗负债的占比均高于城市家庭，在一定程度上反映出城市家庭通过负债购买房屋的需求更为旺盛，并且不排除因高额的房贷而对其他用途负债产生"挤出效应"的可能。

在分别描述了中国居民家庭资产与负债行为的事实之后，进一步综合分析中国居民家庭资产负债的基本事实。全部家庭样本的资产负债率水平约为 6.53%；城乡家庭的资产负债率之间存在较为明显的差异，表现为农村家庭的资产负债率高于城市家庭。结合前文关于家庭资产和负债行为事实的描述，城市家庭的资产和负债规模均高于农村家庭，但农村家庭的资产负债率却高于城市家庭，在一定程度上体现了城乡家庭金融行为之间的差异，即农村家庭的相对负债水平较高。

3.3　中国居民家庭收入差距的事实描述

在分别对中国居民社会网络和家庭金融行为的事实进行描述之后，结合本书的主要研究对象，需进一步对中国居民家庭收入差距的事实进行描述。

3.3.1　中国居民家庭收入的现状

在描述中国居民家庭收入差距的事实之前，首先需要明确中国居民家庭收入水平的基本事实。因此，结合中国家庭金融调查 2011 年、2013 年、2015 年和 2017 年四年的数据对我国家庭收入水平的事实进行描述。

1. 总体特征

图 3.30 反映了 2011—2017 年中国居民家庭平均收入水平的分布情况，可以明显地看出中国居民家庭收入水平在四年间总体呈上升趋势。

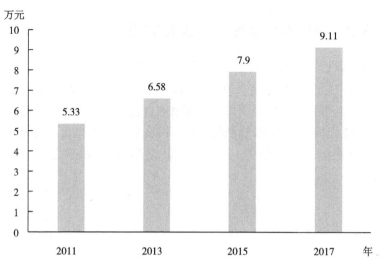

图 3.30　家庭平均收入分布

（资料来源：中国家庭金融调查）

2. 城乡比较

在对中国居民家庭平均收入水平的总体特征进行描述之后，鉴于我国城乡二元结构特征，进一步对中国居民城乡家庭平均收入水平进行比较分析。

图 3.31 反映了 2011—2017 年中国居民城乡家庭平均收入水平的分布情况，可以看出，中国居民城乡家庭的平均收入水平相似性与差异性并存，其中相似性体现为城乡家庭平均收入水平在四年间不断上升，而差异性体现为城市家庭平均收入水平明显高于农村家庭。

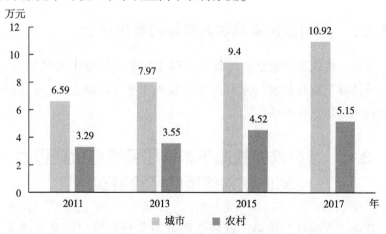

图 3.31　城乡家庭平均收入分布

（资料来源：中国家庭金融调查）

3.3.2 中国居民家庭收入差距的现状

在对中国居民家庭收入水平的事实进行描述之后，结合前文理论模型中关于收入差距指标的界定，以及中国居民城乡家庭在收入水平方面存在的差异性，本书重点对中国居民城乡家庭收入差距的事实予以描述。

图3.32为根据图3.30绘制的中国居民城乡家庭平均收入之间的差距分布图，可以看出，四年间中国居民城乡家庭平均收入水平之间呈现不断扩大的趋势。

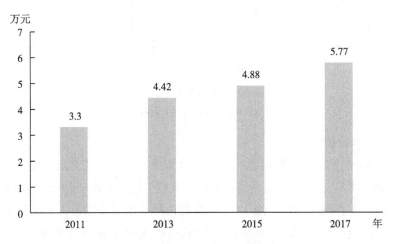

图3.32 我国城乡家庭收入差距分布

（资料来源：中国家庭金融调查）

3.3.3 中国居民家庭收入差距的事实评价

一方面，中国居民家庭平均收入在四年间呈现不断上升的趋势；另一方面，虽然城市家庭和农村家庭的平均收入水平在不断上升，但城乡家庭之间的收入差距也在不断扩大。

3.4 社会网络视角下中国居民家庭金融行为
影响收入差距的经验事实

在明确了我国社会网络、家庭金融行为与社会网络的基本事实之后，结合本书的主要研究内容，需对社会网络视角下中国居民家庭金融行为影响收入差距的相关事实予以进一步描述。

3.4.1 中国居民社会网络影响家庭金融行为的现状

首先，基于中国居民社会网络对家庭金融行为影响的事实，分别从资产和负债两个角度予以描述。

1. 社会网络与家庭资产行为

图 3.33 为社会网络与家庭金融资产行为的关系图，横轴为社会网络，纵轴为家庭金融资产行为。其中左图是利用红白礼金收支金额衡量社会网络，右图利用节假日收支金额衡量社会网络，两幅图均利用家庭金融资产规模衡量家庭金融资产行为。可以看出，社会网络与家庭金融资产行为之间呈现出较为明显的正相关，即随着社会网络的增加，家庭金融资产行为也呈现上升趋势。

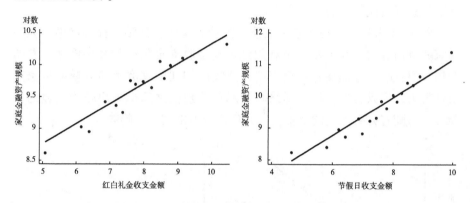

图 3.33　社会网络与家庭金融资产行为的关系

图 3.34 为社会网络与家庭非金融资产行为的关系图，其中横轴与前文设定一致，纵轴为家庭非金融资产行为，并利用家庭非金融资产规模衡量家庭非金融资产行为。可以看出，社会网络与家庭非金融资产规模之间同样呈现出较为明显的正相关，即随着社会网络的增加，家庭非金融资产行为也呈上升趋势。

结合上述关系图，可以看出社会网络与家庭金融资产行为、非金融资产行为之间存在正相关关系，那么有理由说明社会网络与家庭资产行为之间呈现正相关的事实。

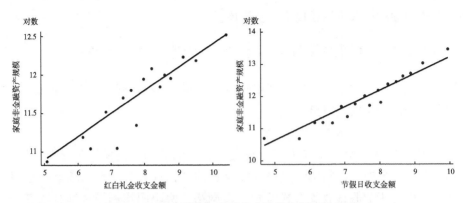

图 3.34　社会网络与家庭非金融资产行为的关系

2. 社会网络与家庭负债行为

在明确了社会网络与家庭资产行为关系的事实之后, 进一步分析社会网络与家庭负债行为的相关事实。

图 3.35 为社会网络与家庭负债行为的关系图, 横轴为社会网络, 纵轴为家庭负债行为。其中左图是利用红白礼金收支金额衡量社会网络, 右图利用节假日收支金额衡量社会网络, 两幅图均利用家庭负债规模衡量家庭负债行为。可以看出, 社会网络与家庭负债规模之间呈现出较为明显的正相关, 即随着社会网络的增加, 家庭负债行为也呈上升趋势。

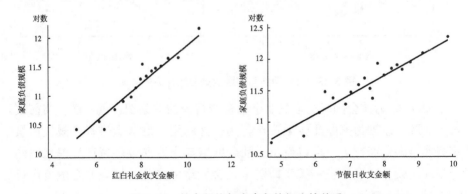

图 3.35　社会网络与家庭负债行为的关系

进一步地, 图 3.36 为社会网络与家庭民间借贷行为的关系图, 其中图 (1)、图 (2) 为家庭借入行为, 图 (3)、图 (4) 为家庭借出行为, 横轴与前文设定一致, 纵轴为家庭民间借贷行为, 并利用家庭除银行贷款以外的负债规模衡量家庭民间借贷行为。可以看出, 无论是家庭借入还是家庭借出规模, 社会网络与家庭民间借贷行为之间同样呈现出较为明显的正相关，即随着社会网络的增加，家庭民间借贷行为也呈上升趋势。

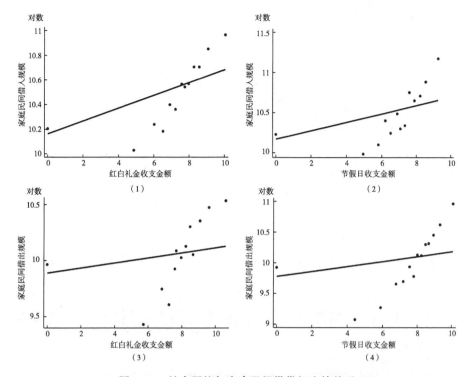

图 3. 36 社会网络与家庭民间借贷行为的关系

结合上述关系图，可以看出社会网络与家庭负债行为、民间借贷行为之间存在正相关关系，那么有理由说明社会网络与家庭负债行为之间呈正相关事实。

3.4.2 中国居民家庭金融行为影响收入差距的现状

在分析了社会网络影响中国居民家庭金融行为的相关事实之后，结合本书研究思路的设定，进一步分析中国居民家庭金融行为影响收入差距的事实。

图 3.37 给出了家庭金融行为影响收入差距的事实，其中横轴为家庭金融行为，纵轴为收入差距。根据家庭金融行为与收入差距指标衡量的设定，利用城乡家庭资产负债率之差的绝对值衡量家庭金融行为，城乡家庭可支配收入的泰尔指数衡量收入差距。可以看出，家庭金融行为与收入差距之间大致呈正相关关系。

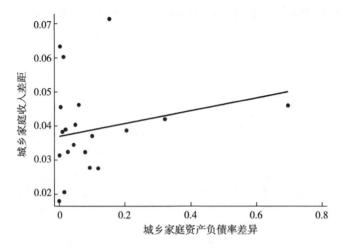

图 3.37　家庭金融行为与收入差距的关系

结合上述关系图,可以看出家庭金融行为与收入差距间呈正相关的事实。

3.4.3　社会网络视角下中国居民家庭金融行为影响收入差距的现状

在分析了社会网络影响家庭金融行为,以及家庭金融行为影响收入差距之间关系的相关事实之后,结合本书研究思路的设定,进一步分析社会网络视角下家庭金融行为影响收入差距的事实。

图 3.38 反映了社会网络视角下家庭金融行为影响收入差距的事实。具体而言,将红白礼金收支金额从低到高四等分,则图(1)至图(4)分别为在不同社会网络规模的分位数水平下家庭金融行为与收入差距的关系图,其中横轴为家庭金融行为,纵轴为收入差距。可以看出,四张图均反映了家庭金融行为与收入差距正相关的事实,根据趋势线的斜率可以看出在不同社会网络规模水平下家庭金融行为对收入差距的影响存在差异,图(1)至图(4)中趋势线的斜率大致呈逐渐增加的趋势,因此在一定程度上可以反映出社会网络会正向促进家庭金融行为与收入差距之间正相关的事实。

为了进一步描述三者之间关系的事实,采用同样的方法绘制了图 3.39,相较于图 3.38,图 3.39 将社会网络变量替换为家庭节假日支出。可以看出,图(1)至图(4)中趋势线的斜率变化与图 3.38 大致相同,因此验证了社会网络会正向促进家庭金融行为与收入差距之间正相关的事实。

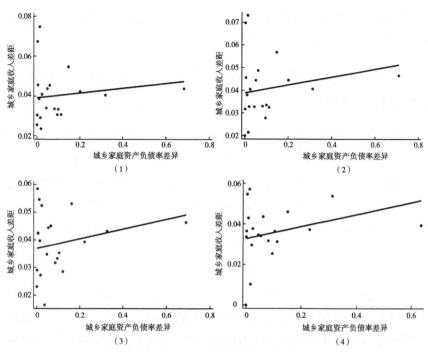

图 3.38 社会网络视角下家庭金融行为影响收入差距的事实

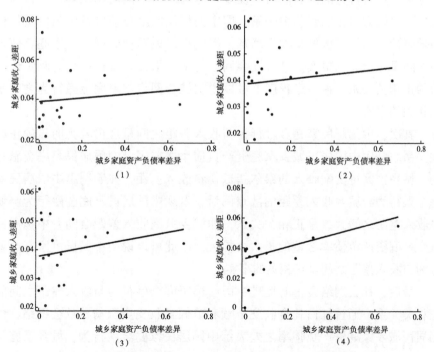

图 3.39 社会网络视角下家庭金融行为影响收入差距的事实

结合上述关系图，可以看出社会网络会正向促进家庭金融行为与收入差距之间正相关的事实。

3.4.4 社会网络视角下中国居民家庭金融行为影响收入差距的事实评价

首先，社会网络与中国居民家庭金融行为之间呈现出较为明显的正相关关系。一方面，通过红白礼金收支金额和节假日收支金额衡量社会网络，利用家庭金融资产和非金融资产规模分别衡量家庭金融资产行为和家庭非金融资产行为，并绘制出社会网络与中国家庭资产行为的散点图后，发现社会网络与家庭金融资产行为之间，以及社会网络与家庭非金融资产行为之间呈现出较为明显的正相关关系，即随着社会网络的增加，家庭金融资产行为和家庭非金融资产行为均呈现上升趋势。中国居民家庭金融资产以及家庭非金融资产的规模会随着社会网络规模的扩大而增加，因此可以说明社会网络与家庭资产行为之间呈正相关的事实。另一方面，通过家庭负债规模和家庭民间借贷规模衡量中国家庭负债行为，并绘制出社会网络与中国家庭负债行为的散点图后，发现社会网络与中国居民家庭负债行为之间呈现出较为明显的正相关关系，即中国居民家庭负债以及民间借贷规模会随着社会网络规模的扩大而增加，因此可以说明社会网络与家庭负债行为之间呈正相关的事实。结合社会网络与中国居民家庭资产行为和负债行为的正相关关系，在一定程度上可以说明社会网络与家庭金融行为之间呈正相关的事实。

其次，中国居民家庭金融行为与收入差距之间呈现出较为明显的正相关关系。利用中国居民城乡家庭资产负债率之差表示中国居民家庭金融行为，城乡家庭可支配收入的泰尔指数衡量收入差距，并绘制出中国居民家庭金融行为与城乡收入差距的散点图后，发现中国居民家庭金融行为与城乡收入差距之间大致呈正相关关系，即城乡家庭收入差距会随着中国居民城乡家庭资产负债率之差的扩大而扩大，因此可以说明中国居民家庭金融行为与收入差距之间呈正相关的事实。

最后，社会网络会正向促进中国居民家庭金融行为与收入差距之间的正相关关系。通过红白礼金收支金额和节假日收支金额衡量社会网络，中国居民城乡家庭资产负债率之差表示中国居民家庭金融行为，城乡家庭可支配收入的泰尔指数衡量收入差距，并且绘制出在不同社会网络规模的分位数水平下家庭金融行为与收入差距的散点图后，发现随着社会网络规模水平的增加，中国居民家庭金融行为与收入差距之间的正相关关系会逐渐加深，因此可以说明社会网络会正向促进中国居民家庭金融行为与收入差距之间正相关关系的事实。

第4章 社会网络影响中国居民家庭金融行为的实证研究

本书第 2 章论述了社会网络视角下家庭金融行为影响收入差距的作用机理，为了对其作用机理与理论猜想进行验证，本章尝试结合既有数据与合适的方法，对社会网络影响中国居民家庭金融行为予以实证检验。

4.1 社会网络影响中国居民家庭资产行为的实证研究

4.1.1 数据来源

探讨社会网络对家庭资产行为的影响涉及家庭部门，当前涉及家庭金融领域内相关研究的数据主要有西南财经大学的中国家庭金融调查数据库（CHFS）、北京大学中国社会科学调查中心的中国家庭动态跟踪调查（CF-PS）、中国人民大学中国调查与数据中心的中国综合社会调查（CGSS）等。综合考虑符合本书研究主题的数据应包含家庭社会网络以及家庭非金融资产行为等信息，因此本书选择西南财经大学的中国家庭金融调查数据库（CHFS）作为本书实证研究的数据来源。该数据的优势在于信息量大，不仅包含家庭社会网络的相关信息，还涉及家庭是否配置资产、资产类别、资产规模等方面的信息。此外，CHFS 数据库还包含了家庭可支配收入、家庭所在区域和地区、家庭成员等方面的信息，可以凸显不同区域、不同地区以及不同家庭的异质性，因此具有抽样方法合理、样本数量庞大、家庭信息丰富等优势。

中国家庭金融调查中心自 2009 年开展工作以来，每两年进行一次中国家庭金融行为调查，现已经在 2011 年、2013 年、2015 年和 2017 年四次成功实施全国范围内的家庭随机抽样调查。2011 年第一轮调查样本分布在全国 25 个省（自治区、直辖市），82 个县（区、县级市），320 个村（居）委会，样本规模为 8438 户；2013 年第二轮调查样本覆盖全国 29 个省（自治区、直辖市），267 个县（区、县级市），1048 个村（居）委会，样本规模为 28141 户；2015 年第三轮调查样本覆盖全国 29 个省（自治区、直辖市），351 个县（区、县级市），1396 个村（居）委会，样本规模为 37289 户；2017 年第四轮调查样本覆盖全国 29 个省（自治区、直辖市），355 个县（区、县级市），1428 个村（居）委会，样本规模为 40011 户。2011 年、2013 年、2015 年和 2017 年四个年度的数据均可以公开获取，因此本书选取这四个年度的非平衡面板数据。

2011 年、2013 年、2015 年和 2017 年四个年度的数据共包含 113879 户家庭，为避免异常值对实验结果的影响，本书剔除了反映社会网络信息和户主信息缺失的样本，同时将户主年龄小于 18 周岁、大于 80 周岁、总资产为 0 以及净资产小于 0 的家庭剔除，最后剩余 103345 户家庭。此外，为避免极端值与缺失值对实验结果的影响，本书将明显不符合常规的极端值予以剔除，并且 CHFS 数据库对部分存在缺失值的变量进行了插值处理，本书使用的为插值处理后的数据。

4.1.2　指标选取

1. 社会网络

结合社会网络指标衡量的设定，即从网络本身的功能以及社会行为的角度对社会网络予以度量，进一步结合既有社会网络的相关研究，本书尝试利用"红白喜事礼金收支""旅游和探亲支出""本地交通支出""文化娱乐支出"等衡量社会网络。原因在于，红白喜事礼金收支能够体现我国人情往来的社会关系以及社会互动的特点；家庭在日常生活中能够通过旅游和探亲来维持亲戚朋友间的关系，可以认为旅游和探亲支出较高的家庭参与社会网络的程度越深；考虑到日常生活中社会互动频繁的群体倾向于一起出行或走亲访友，而在出行和走亲访友过程中会产生交通费用，因此可以认为本地交通费用越高的家庭社会互动越频繁；日常生活中社会互动频繁的群体倾向于在闲暇时间与亲戚朋友一起参加一些文化和娱乐活动。由于前文关于社会网络对家庭资产行为影响的分析中考虑了个体的离散行为，因此应将家庭资产行为设定为虚拟变量，为保证数据形式的一致性以及结果的合理性，本书尝试对社会网络变量进行了虚拟化处理。具体而言，首先计算出红白礼金收支占家庭总收入的比重，其次计算出该百分比的中位数，最后设定其虚拟变量，红白礼金收支占家庭总收入的比重低于中位数的家庭记为"0"，高于中位数的家庭记为"1"，其余变量作同样处理

（郭士祺等，2014）。

为了更全面地考察社会网络与家庭资产行为之间的关系，进一步从规模的角度对其进行实证检验，即选择"红白喜事礼金收支金额""旅游和探亲支出金额""本地交通支出金额""文化娱乐支出金额"衡量社会网络规模，为减少异方差对回归结果的影响，对其进行对数化处理。

2. 家庭资产行为

结合家庭资产行为概念的界定，分别从家庭非金融资产和金融资产两个角度进行指标衡量的设定，家庭非金融资产主要包括房屋、汽车、农业和工商业资产、土地以及各类耐用品等，对家庭金融资产行为的探讨主要集中于家庭股票市场参与行为，进一步结合前文关于社会网络对资产行为的影响机理以及中国家庭金融调查问卷，构造家庭资产行为的虚拟变量。问卷中涉及"家庭是否拥有房屋、汽车、其他非金融资产等"，以及"家庭是否拥有股票账户"等问题，答案为"是"的家庭标记为"1"，答案为"否"的家庭标记为"0"，以此反映家庭非金融资产和金融资产的参与行为。

为了更全面地考察社会网络与家庭资产行为之间的关系，进一步从规模的角度对其进行实证检验，即选择"家庭非金融资产的市值"衡量家庭非金融资产行为的参与规模，"家庭持有股票的市值"衡量家庭股票市场行为的参与规模，为减少异方差对回归结果的影响，并对其进行对数化处理。

3. 其他控制变量

为了控制家庭经济特征和户主特征对家庭资产行为的影响，本书设定了家庭经济特征变量以及户主特征两组虚拟变量。关于家庭经济特征变量，主要包括"去年是否从事农业生产经营""去年是否从事工商业生产经营""是否拥有自有房屋""是否有汽车"；关于户主特征变量，主要包括"性别""文化程度""政治面貌""婚姻状况""是否有工作""身体状况""户主年龄""户主年龄的平方项"。

4.1.3 实证模型设定

根据社会网络对家庭资产行为的影响以及相关指标的选取，本书尝试设定以下实证模型：

1. 社会网络影响家庭非金融资产行为

$$nfasset\_d_{it} = C + \alpha rww\_d_{it} + \beta X_{it} + \epsilon_{it} \tag{4.1}$$

$$nfasset\_d_{it} = C + \alpha trane\_d_{it} + \beta X_{it} + \epsilon_{it} \tag{4.2}$$

$$\mathrm{lgnfasset\_s}_{it} = C + \alpha \mathrm{lgrww\_s}_{it} + \beta X_{it} + \epsilon_{it} \qquad (4.3)$$

$$\mathrm{lgnfasset\_s}_{it} = C + \alpha \mathrm{lgtrane\_s}_{it} + \beta X_{it} + \epsilon_{it} \qquad (4.4)$$

2. 社会网络影响家庭金融资产行为

$$\mathrm{stock\_d}_{it} = C + \alpha \mathrm{tave\_d}_{it} + \beta X_{it} + \epsilon_{it} \qquad (4.5)$$

$$\mathrm{stock\_d}_{it} = C + \alpha \mathrm{caee\_d}_{it} + \beta X_{it} + \epsilon_{it} \qquad (4.6)$$

$$\mathrm{lgstock\_s}_{it} = C + \alpha \mathrm{lgtave\_s}_{it} + \beta X_{it} + \epsilon_{it} \qquad (4.7)$$

$$\mathrm{lgstock\_s}_{it} = C + \alpha \mathrm{lgcaee\_s}_{it} + \beta X_{it} + \epsilon_{it} \qquad (4.8)$$

$$attitude_{it} = C + \alpha \mathrm{tave\_d}_{it}(\mathrm{caee\_d}_{it}) + \beta X_{it} + \epsilon_{it} \qquad (4.9)$$

$$\mathrm{stock\_d}_{it} = C + \alpha attitude_{it} + \beta X_{it} + \epsilon_{it} \qquad (4.10)$$

$$\mathrm{stock\_d}_{it} = C + \alpha attitude_{it} + \gamma \mathrm{tave\_d}_{it}(\mathrm{caee\_d}_{it}) + \beta X_{it} + \epsilon_{it} \qquad (4.11)$$

$$attitude_{it} = C + \alpha \mathrm{lgtave\_s}_{it}(\mathrm{lgcaee\_s}_{it}) + \beta X_{it} + \epsilon_{it} \qquad (4.12)$$

$$\mathrm{lgstock\_s}_{it} = C + \alpha attitude_{it} + \beta X_{it} + \epsilon_{it} \qquad (4.13)$$

$$\mathrm{lgstock\_s}_{it} = C + \alpha attitude_{it} + \gamma \mathrm{lgtave\_s}_{it}(\mathrm{lgcaee\_s}_{it}) + \beta X_{it} + \epsilon_{it} \qquad (4.14)$$

式（4.1）至式（4.4）考察社会网络对家庭非金融资产行为的影响。其中式（4.1）考察社会网络对家庭是否参与非金融资产行为的影响，*nfasset_d* 表示家庭是否参与非金融资产行为，*C* 为常数，*rww_d* 为红白喜事礼金收支的虚拟变量，*X* 为家庭经济特征与户主特征，ϵ 为扰动项。式（4.2）是对式（4.1）的稳健性检验，将主要解释变量由红白喜事礼金收支替换为本地交通支出。式（4.3）从规模的角度考察社会网络对家庭非金融资产行为的影响，lgnfasset_s 表示家庭非金融资产市值的对数形式，*C* 为常数，lgrww_s 为红白喜事礼金收支金额的对数形式，*X* 为家庭经济特征与户主特征，ϵ 为扰动项。式（4.4）是对式（4.3）的稳健性检验，将主要解释变量由红白喜事礼金收支金额替换为本地交通支出金额。

式（4.5）至式（4.14）考察社会网络对家庭金融资产行为的影响。其中式（4.5）考察社会网络对家庭是否参与股票市场的影响，*stock_d* 表示家庭是否参与股票市场，*C* 为常数，*tave_d* 为旅游和探亲支出的虚拟变量，*X* 为家庭经济特征与户主特征，ϵ 为扰动项。式（4.6）是对式（4.5）的稳健性检验，将主要解释变量由旅游和探亲支出替换为文化娱乐支出。式（4.7）从规模的角度来考察社会网络对家庭股票市场参与行为的影响，lgstock_s 表示家庭所持股票市值的对数形式，*C* 为常数，lgtave_s 为旅游和探亲支出金额的对数形式，*X* 为家庭经济特征与户主特征，ϵ 为扰动项。式（4.8）是对式（4.7）的稳健性检验，将主要解释变量由旅游和探亲支出金额替换为文化娱乐支出金额。进一步地，需考虑家庭对待风险态度的差异性，由于前文在讨论考虑家庭风险偏好前提下社会网络对家庭股票市场参与时，得出社会网络促进信息共享的功能会使家庭降低对风险的厌恶，进而选择参与股票市场购买股票。因此可以看出家庭对待风险的态度在社会网络对家庭股票市场参与行为的影响中起到中介效应的作用。基于既有文献对中介效应的检验，本书尝试引入风险态度变量，设定了式（4.9）至式（4.14）。式（4.9）至式（4.11）是对社会网络、风险态度与家庭是否参与股票市场的检验，其中 *attitude* 表示家庭对待风险的态度，其余变量与式（4.5）和式（4.6）中的含义相同，括号表示通过替换变量进行稳健性检验。式（4.12）至式（4.14）是从规模角度对社会网络、风险态度与家庭是否参与股票市场的检验，各个变量与式（4.7）和式（4.8）中的含义相同。

表4.1罗列了主要变量的描述性统计与解释说明。

表4.1 主要变量的描述性统计与解释说明

名称	符号	均值	标准差	最小值	最大值	定义
社会网络	*rww_d*	0.417	0.493	0	1	0：否；1：是
	lgrww_s	3.744	3.942	0	13.541	红白喜事礼金收支金额的对数
	tave_d	0.262	0.440	0	1	0：否；1：是
	lg*tave_s*	2.142	3.631	0	13.816	旅游和探亲支出金额的对数
	trane_d	0.500	0.500	0	1	0：否；1：是
	lg*trane_s*	4.704	3.384	0	13.957	本地交通支出金额的对数
	caee_d	0.364	0.481	0	1	0：否；1：是
	lg*caee_s*	2.805	3.309	0	13.487	文化娱乐支出金额的对数
家庭非金融资产行为	*nfasset_d*	0.672	0.469	0	1	0：否；1：是
	lg*nfasset_s*	10.657	4.010	0	17.078	非金融资产市值的对数
家庭金融资产行为	*stock_d*	0.096	0.294	0	1	0：否；1：是
	lg*stock_s*	0.706	2.690	0	15.895	持有股票市值的对数
是否参与农业经营	*Ac_d*	0.226	0.418	0	1	0：否；1：是
是否参与工商业经营	*Ic_d*	0.154	0.361	0	1	0：否；1：是
是否拥有自有房屋	*House_d*	0.258	0.438	0	1	0：否；1：是

名称	符号	均值	标准差	最小值	最大值	定义
是否拥有自有汽车	Car_d	0.222	0.415	0	1	0：否；1：是
性别	Gender	0.769	0.421	0	1	0：女；1：男
年龄	Age	52.459	13.601	18	80	户主年龄
	Agesq	2936.908	1424.408	324	6400	户主年龄平方项
文化程度	Edu	3.491	1.687	1	9	1-9：没上过学→博士研究生
政治面貌	Pol	1.978	1.645	1	4	1：共青团员；2：中共党员；3：民主党派或其他党派；4：群众
婚姻状况	Marriage	2.303	1.113	1	7	1-7：未婚→再婚
就业情况	Job	0.669	0.471	0	1	0：否；1：是
身体情况	Health	2.753	1.070	1	5	1-5：非常好→非常不好
风险态度	Attitude	4.017	1.202	1	5	1-5：风险偏好→风险厌恶

注：表中结果为小数点后保留 3 位有效数字。

4.1.4　实证结果分析

1. 社会网络影响家庭非金融资产行为

（1）回归结果分析

本书首先对社会网络与中国居民家庭非金融资产行为进行实证检验，具体结果如下。

表 4.2 为社会网络对中国居民是否参与家庭非金融资产行为及其城乡家庭比较的影响结果。其中，第（1）列为式（4.1）的回归结果，根据数据结构与 F 检验选择面板回归的混合效应，可以看出核心解释变量红白礼金收支的回归结果为正，且显著性较高，因此可以证明前文关于社会网络对家庭非金融资产行为影响的讨论，即社会网络能够正向影响家庭关于非金融资产行为的决策。

关于其他控制变量，家庭参与农业经营对家庭非金融资产配置行为决策的影响显著为负，但家庭参与工商业经营对家庭非金融资产配置行为决策的影响则显著为正，可以解释为参与农业经营不会增加家庭配置非金融资产的概率，但参与工商业经营则会促使家庭配置非金融资产。是否拥有自有房屋与汽车的回归结果显著为正,可以解释为拥有房屋和汽车的家庭更倾向于通过配置新的非金融资产以进一步提升生活质量。关于户主特征,户主性别、工作情况以及政治面貌对家庭是否参与非金融资产配置行为的回归结果显著为正,说明当户主为就业男性时,配置非金融资产的概率会随之提高,并且相比于群众和无党派人士,户主为共产党员的家庭配置非金融资产的概率较低;相反地,户主的教育程度、健康状况的回归结果则为负,说明随着户主教育程度的提高以及身体健康状况的下降,会降低配置非金融资产的概率,户主的婚姻状况与其家庭是否进行非金融资产配置的回归结果显著性较低。此外,户主年龄的一次项回归结果显著为正,二次项显著为负,说明家庭是否配置非金融资产与户主年龄大致呈"倒U形"关系,即随着户主年龄的上升,配置非金融资产的概率逐渐提高,并在某一年龄段达到峰值;当户主年龄超过这一峰值时,其所在家庭配置非金融资产的概率会逐渐降低。

此外,表4.2中第(2)、(3)列分别为城乡家庭社会网络对中国居民家庭是否参与非金融资产行为的影响,此处重点分析核心解释变量家庭红白喜事礼金收支的回归结果。可以看出,城市家庭和农村家庭红白喜事礼金收支的回归结果均显著为正,因此进一步证明了社会网络对家庭非金融资产决策行为的正向影响;这一影响在城乡家庭之间呈现出一定的差异性,城市家庭回归结果的绝对值(0.084)小于农村家庭(0.091),因此可以说明社会网络对农村家庭非金融资产决策行为的影响大于城市家庭。

表4.2 社会网络影响中国居民是否参与家庭非金融资产行为

变量	(1) 全部 Pool	(2) 城市 Pool	(3) 农村 Pool
rww_d	0.088 *** (0.003)	0.084 *** (0.004)	0.091 *** (0.008)
Ac_d	-0.197 *** (0.004)	-0.141 *** (0.008)	-0.286 *** (0.009)
Ic_d	0.010 *** (0.004)	0.014 *** (0.006)	0.001 (0.013)
$House\_d$	0.309 *** (0.004)	0.323 *** (0.005)	0.314 *** (0.010)

续表

变量	（1） 全部 Pool	（2） 城市 Pool	（3） 农村 Pool
Car_d	0.464 *** （0.004）	0.470 *** （0.005）	0.457 *** （0.012）
$Gender$	0.040 *** （0.004）	0.026 *** （0.005）	0.033 *** （0.013）
Age	0.010 *** （0.0008）	0.007 *** （0.001）	0.020 *** （0.003）
$Agesq$	−0.00006 *** （7.33e−06）	−0.00002 ** （9.81e−06）	−0.0002 *** （0.00002）
Edu	−0.002 * （0.001）	0.005 *** （0.001）	0.003 （0.004）
Pol	0.127 （0.001）	0.113 *** （0.001）	0.140 *** （0.002）
$Marriage$	−0.001 （0.001）	−0.003 （0.002）	0.005 （0.004）
Job	0.058 *** （0.004）	0.045 *** （0.006）	0.045 *** （0.011）
$Health$	−0.034 *** （0.001）	−0.039 *** （0.002）	−0.023 *** （0.004）
$Cons$	−0.090 *** （0.021）	−0.010 （0.027）	−0.267 *** （0.070）
F	0.84 （1.000）	0.88 （1.000）	0.94 （0.999）

注：*、＊＊、＊＊＊分别表示在10%、5%、1%的显著性水平上拒绝原假设，括号内为稳健标准误。

在分析了社会网络对中国居民是否参与家庭非金融资产行为的影响之后，虽然已经对前文二者间的正向影响进行了验证，但为使其分析更加全面，因此进一步从规模角度验证社会网络对中国居民家庭非金融资产行为的影响。具体回归结果如表 4.3 所示，其中第（1）列为式（4.3）的回归结果，根据数据结构与 F 检验选择面板回归的混合效应，可以看出核心解释变量红白礼金收支金额的回归结果为正，且显著性较高，因此可以从规模角度证明前文关于社会网络对家庭非金融资产行为影响的讨论，即社会网络能够促进家庭关于非金融资产的配置行为。

关于其他控制变量，户主特征中的文化程度、政治面貌以及就业情况与表4.2中的回归结果存在差异，说明虽然随着户主学历的不断提升，其家庭配置非金融资产的概率不断降低，但配置非金融资产的金额却随之提高；户主的政治面貌与家庭是否配置非金融资产呈正向变动，但与非金融资产的配置金额呈负向变动；而户主是否就业与家庭配置非金融资产的金额之间的回归结果并不显著。其余变量的回归结果与表4.2大体一致，故此不再赘述。

此外，第（2）、（3）列分别为城乡家庭社会网络对中国居民家庭非金融资产规模的影响。根据数据结构与F检验选择面板回归的混合效应，此处重点分析核心解释变量红白喜事礼金收支金额的回归结果。可以看出，城市家庭和农村家庭红白喜事礼金收支金额的回归结果均显著为正，因此进一步从规模角度证明了社会网络对家庭非金融资产行为的正向影响；这一影响在城乡家庭之间呈现出一定的差异性，城市家庭回归结果的绝对值（0.165）小于农村家庭（0.193），因此可以进一步从规模角度说明社会网络对农村家庭非金融资产行为的影响大于城市家庭。

表4.3　社会网络影响中国居民家庭非金融资产规模

变量	(1) 全部 Pool	(2) 城市 Pool	(3) 农村 Pool
lg_{rww_s}	0.174*** (0.004)	0.165*** (0.006)	0.193*** (0.011)
Ac_d	−1.689*** (0.041)	−1.274*** (0.079)	−2.052*** (0.089)
Ic_d	0.138*** (0.045)	0.128** (0.060)	0.129 (0.133)
$House\_d$	2.258*** (0.038)	2.569*** (0.052)	1.924*** (0.104)
Car_d	2.358*** (0.040)	2.482*** (0.053)	2.028*** (0.128)
$Gender$	0.099*** (0.039)	0.041 (0.051)	0.253* (0.133)

续表

变量	（1） 全部 Pool	（2） 城市 Pool	（3） 农村 Pool
Age	0.201***	0.179***	0.202***
	(0.008)	(0.010)	(0.026)
Agesq	−0.002***	−0.001***	−0.002***
	(0.00008)	(0.0001)	(0.0002)
Edu	0.184***	0.207***	0.137***
	(0.011)	(0.014)	(0.043)
Pol	−0.256***	−0.275***	−0.257***
	(0.009)	(0.014)	(0.025)
Marriage	−0.045***	−0.035*	−0.035
	(0.015)	(0.021)	(0.040)
Job	−0.062	0.013	0.219*
	(0.041)	(0.059)	(0.118)
Health	−0.646***	−0.686***	−0.548***
	(0.015)	(0.022)	(0.037)
Cons	5.005***	5.078***	5.465***
	(0.217)	(0.285)	(0.726)
F	0.86	0.89	0.90
	(1.000)	(1.000)	(1.000)

注：*、**、***分别表示在 10%、5%、1%的显著性水平上拒绝原假设，括号内为稳健标准误。

（2）内生性处理与稳健性检验

表 4.2 和表 4.3 的结果表明，社会网络对中国居民家庭非金融资产行为存在显著的正向促进作用，但二者间的关系还需进一步识别，原因在于无法确定表 4.2 和表 4.3 中社会网络与中国居民家庭非金融资产行为之间的正相关性，是由于社会网络的存在促进了中国居民家庭非金融资产的配置，还是由于进行非金融资产配置的家庭更倾向于维系社会网络。为克服社会网络与中国居民家庭非金融资产行为回归方程中的内生性问题，进一步识别社会网络对中国居民家庭非金融资产行为的影响，本书尝试利用工具变量的两阶段回归进行内生性估计。考虑在社会网络中，与他人互动频繁的家庭可能更愿意在节假日与其他家庭进行来往，因此本书尝试将家庭节假

日收支的虚拟变量与节假日收支金额作为工具变量进行两阶段回归。

表 4.4 为社会网络影响中国居民家庭非金融资产行为的内生性估计结果，其中第（1）列与第（2）列为社会网络影响中国居民是否进行家庭非金融资产配置的内生性估计，第（3）列与第（4）列为社会网络影响中国居民家庭非金融资产规模的内生性估计。根据表 4.4 中第（1）列与第（2）列的回归结果，在第一阶段工具变量家庭节假日收支的系数为正且在 1% 的显著性水平上拒绝原假设，其 F 统计量为 939.38，大于 10 的经验值，因此可以拒绝弱工具变量的假设；二阶段的回归结果显示，通过引入工具变量的方式调整社会网络在家庭非金融资产行为方程中的内生性后，社会网络的估计系数同样为正并且通过了显著性检验，说明社会网络能够促进家庭非金融资产的配置。根据表 4.4 中第（3）列与第（4）列的回归结果，在第一阶段工具变量家庭节假日收支金额的系数为正且在 1% 的显著性水平上拒绝原假设，其 F 统计量为 1286.36，显著大于 10 的经验值，因此可以拒绝弱工具变量的假设；二阶段的回归结果显示，通过引入工具变量的方式调整社会网络在家庭非金融资产行为方程中的内生性后，社会网络的估计系数同样为正并且通过了显著性检验，说明社会网络能够促进家庭非金融资产的配置。此外，其他控制变量第二阶段的估计结果与前文表 4.2 和表 4.3 中的结果大体一致，故此处不再赘述。

表 4.4　社会网络影响家庭非金融资产行为的内生性处理

变量	（1）一阶段	（2）二阶段	变量	（3）一阶段	（4）二阶段
rww_d	—	0.155 *** (0.009)	$lgrww\_s$	—	0.240 *** (0.013)
hav_d	0.238 *** (0.003)	—	$lghav\_s$	0.250 *** (0.003)	—
Ac_d	0.012 *** (0.004)	-0.167 *** (0.003)	Ac_d	0.149 *** (0.032)	-1.424 *** (0.031)
Ic_d	-0.009 ** (0.004)	0.019 *** (0.003)	Ic_d	0.112 *** (0.034)	0.188 *** (0.034)
$House\_d$	-0.124 *** (0.004)	0.355 *** (0.003)	$House\_d$	-1.078 *** (0.030)	2.372 *** (0.032)
Car_d	0.026 *** (0.004)	0.459 *** (0.003)	Car_d	0.545 *** (0.031)	2.152 *** (0.031)

续表

变量	（1）一阶段	（2）二阶段	变量	（3）一阶段	（4）二阶段
Gender	0.025***	0.028***	Gender	0.163***	0.065**
	(0.004)	(0.003)		(0.030)	(0.029)
Age	0.017***	0.007***	Age	0.129***	0.169***
	(0.0008)	(0.0006)		(0.006)	(0.006)
Agesq	-0.0002***	-0.00004***	Agesq	-0.001***	-0.001***
	(7.38e-06)	(5.63e-06)		(0.00006)	(0.00006)
Edu	-0.005***	-0.002**	Edu	-0.012	0.196***
	(0.001)	(0.001)		(0.008)	(0.008)
Pol	-0.030***	0.112***	Pol	-0.438***	-0.301***
	(0.001)	(0.0008)		(0.008)	(0.010)
Marriage	-0.003**	-0.002**	Marriage	-0.019	-0.049***
	(0.001)	(0.001)		(0.012)	(0.011)
Job	0.029***	0.047***	Job	0.249***	-0.173***
	(0.004)	(0.003)		(0.032)	(0.031)
Health	-0.028***	-0.023***	Health	-0.252***	-0.535***
	(0.002)	(0.001)		(0.012)	(0.012)
Cons	0.048**	-0.029***	Cons	1.209***	5.507***
	(0.021)	(0.016)		(0.167)	(0.164)
F	939.38*** (0.000)		F	1286.36*** (0.000)	

注：*、**、***分别表示在10%、5%、1%的显著性水平上拒绝原假设，括号内为稳健标准误。

　　在对社会网络影响中国居民家庭非金融资产行为进行了回归分析和内生性处理后，进一步对其影响予以稳健性检验。

　　表4.5为社会网络对家庭非金融资产行为影响的稳健性检验，其中第（1）列、第（2）列为社会网络影响中国居民是否参与非金融资产行为的稳健性检验，第（3）列为社会网络影响中国居民家庭非金融资产规模的稳健性检验。首先，根据前文关于社会网络影响中国居民是否参与非金融资产行为的讨论，由于被解释变量中国居民是否参与非金融资产行为为虚拟变量，因此本书进一步利用 Probit 模型对其回归结果进行稳健性检验，具体结果如表4.5中第（1）列所示。可以看出，当核心解释变量同样为红白礼金

收支时，Probit 模型的回归结果仍显著为正，因此进一步证明了社会网络对中国居民家庭非金融资产配置行为决策的正向影响。在利用不同方法对二者间关系进行验证之后，进一步通过替换核心解释变量进行稳健性检验，即表 4.5 中第（2）列为式（4.2）的回归结果，在将核心解释变量由红白礼金收支替换为本地交通支出时，显著为正的回归结果进一步证实了社会网络对家庭非金融资产配置行为决策的正向促进作用。因此，从不同估计方法与不同变量的角度分别验证了社会网络对家庭非金融资产配置行为决策正向影响的稳定性。

其次，从规模角度验证社会网络影响中国居民家庭非金融资产行为的稳健性。在利用红白礼金收支金额对社会网络影响中国居民家庭非金融资产行为进行验证之后，进一步通过替换核心解释变量进行稳健性检验，即表 4.5 中第（3）列为式（4.4）的回归结果。可以看出，根据数据结构与F 检验选择面板回归的混合效应，在将核心解释变量由红白礼金收支金额替换为本地交通支出金额时，显著为正的回归结果进一步证实了社会网络对家庭非金融资产配置行为的正向促进作用。因此，通过替换变量，从规模角度验证了社会网络对家庭非金融资产行为正向影响的稳健性。

表 4.5 社会网络对家庭非金融资产行为影响的稳健性检验

变量	(1) Probit	(2) Pool	(3) Pool
rww_d	0.407*** (0.013)	—	—
trane_d	—	0.015*** (0.003)	—
lgtrane_s	—	—	0.210*** (0.005)
Ac_d	-0.941*** (0.018)	-0.200*** (0.004)	-1.641*** (0.041)
Ic_d	0.168*** (0.021)	0.009** (0.004)	0.104** (0.045)
House_d	—	0.296*** (0.004)	2.327*** (0.038)
Car_d	—	0.464*** (0.004)	1.900*** (0.043)

变量	（1） Probit	（2） Pool	（3） Pool
Gender	0.162 *** (0.017)	0.041 *** (0.004)	0.078 ** (0.039)
Age	0.077 *** (0.003)	0.012 *** (0.0008)	0.199 *** (0.043)
Agesq	−0.0005 *** (0.00003)	−0.00007 *** (7.37e−06)	−0.001 *** (0.00008)
Edu	−0.006 (0.004)	−0.002 ** (0.001)	0.146 *** (0.011)
Pol	0.535 *** (0.005)	0.124 *** (0.001)	−0.303 *** (0.009)
Marriage	−0.010 * (0.006)	−0.002 (0.001)	−0.048 *** (0.015)
Job	0.242 *** (0.016)	0.061 *** (0.004)	0.030 (0.041)
Health	−0.157 *** (0.006)	−0.038 *** (0.001)	−0.690 *** (0.015)
Cons	−3.550 *** (0.099)	−0.078 *** (0.021)	4.846 *** (0.218)
F	—	0.83 (1.000)	0.85 (1.000)

注：*、**、***分别表示在10%、5%、1%的显著性水平上拒绝原假设，括号内为稳健标准误。

综上所述，基于社会网络对家庭非金融资产行为影响的分析，在交互基础模型的框架下，从促进互动的角度分析了社会网络能够正向促进家庭非金融资产的决策行为。结合中国家庭金融调查2011—2017年的非平衡面板数据，利用混合效应面板回归以及Probit等方法，不仅验证了社会网络对中国居民家庭非金融资产决策行为的正向促进作用，还从规模的角度验证了社会网络对中国居民家庭非金融资产配置金额的正向影响，全面验证了社会网络对中国居民家庭非金融资产行为的正向影响。此外，考虑到我国城乡存在的二元结构特征，进一步分析了社会网络对中国居民家庭非金融资产行为影响的城乡差异。结果显示，无论家庭是否进行非金融资产配置还是家庭非金融资产配置金额，社会网络对农村家庭的影响均大于城市家庭。

2. 社会网络影响家庭金融资产行为

（1）社会网络影响家庭金融资产行为直接效应的估计结果

本书首先对社会网络影响中国居民家庭股票市场参与行为的直接效应进行实证检验，具体结果如下。

表4.6为社会网络影响中国家庭是否参与股票市场及其城乡比较的估计结果。其中，第（1）列为式（4.5）的回归结果，根据数据结构与F检验选择面板回归的混合效应，可以看出核心解释变量旅游和探亲支出的回归结果显著为正，因此可以证明前文关于社会网络正向影响家庭股票市场参与行为的讨论。

关于其他控制变量，家庭参与农业、工商业经营对家庭股票市场参与行为决策的影响显著为负，可以解释为参与农业、工商业经营会降低家庭参与股票市场的概率。是否拥有自有房屋与汽车的回归结果显著为正，可以解释为拥有房屋和汽车的家庭更倾向于进入股票市场购买股票。关于户主特征，户主性别、工作情况、婚姻状况以及政治面貌对家庭是否参与非金融资产配置行为的回归结果显著为负，说明当户主为未就业、已婚女性时，参与股票市场的可能性较高，并且户主为共产党员的家庭参与股票市场的可能性较高；相反，户主教育程度回归结果为负，说明随着户主教育程度的提升，进入股票市场购买股票的可能性会提高，而户主的身体状况与其家庭是否参与股票市场的回归结果显著性较低。此外，户主年龄的一次项回归结果显著为正，二次项显著为负，说明家庭是否参与股票市场与户主年龄大致呈"倒U形"关系，即随着户主年龄的上升，参与股票市场的可能性会逐渐提高，并在某一年龄段达到峰值；当户主年龄超过这一峰值时，其所在家庭参与股票市场的概率会逐渐降低。

此外，第（2）、（3）列为城乡家庭社会网络影响股票市场参与的估计结果。根据F检验与豪斯曼检验结果分别选择面板回归的混合效应与固定效应，此处重点分析核心解释变量家庭旅游和探亲支出的回归结果。可以看出，城市家庭和农村家庭旅游和探亲支出的回归结果均显著为正，因此进一步证明了社会网络对家庭股票市场参与行为的正向影响；这一影响在城乡家庭之间呈现出一定的差异性，城市家庭回归结果的绝对值（0.098）大于农村家庭（0.010），因此可以说明社会网络对城市家庭是否参与股票市场行为的影响大于农村家庭。

表 4.6　社会网络影响中国家庭是否参与股票市场

变量	（1） 全部 Pool	（2） 城市 Pool	（3） 农村 Fe
tave_d	0.089 ***	0.098 ***	0.010 ***
	（0.003）	（0.004）	（0.003）
Ac_d	−0.043 ***	−0.043 ***	−0.005 **
	（0.003）	（0.007）	（0.002）
Ic_d	−0.012 ***	0.014 ***	0.007 **
	（0.003）	（0.005）	（0.003）
House_d	0.008 ***	0.005	0.001
	（0.003）	（0.004）	（0.002）
Car_d	0.068 ***	0.073 ***	0.011 ***
	（0.003）	（0.005）	（0.003）
Gender	−0.019 ***	−0.012 ***	0.0001
	（0.003）	（0.004）	（0.003）
Age	0.010 ***	0.014 ***	−0.0002
	（0.0006）	（0.001）	（0.001）
Agesq	−0.0001 ***	−0.0001 ***	3.53e−06
	（5.65e−06）	（8.81e−06）	（5.44e−06）
Edu	0.045 ***	0.047 ***	0.003 ***
	（0.001）	（0.001）	（0.001）
Pol	−0.008 ***	−0.008 ***	−0.001
	（0.001）	（0.001）	（0.001）
Marriage	−0.002	−0.003 *	0.0005
	（0.001）	（0.002）	（0.001）
Job	−0.007 **	−0.006	−4.39e−06
	（0.003）	（0.005）	（0.003）
Health	0.001	−0.0001	0.0002
	（0.001）	（0.002）	（0.001）
Cons	−0.319 ***	−0.413 ***	0.010
	（0.016）	（0.025）	（0.016）

续表

变量	（1） 全部 Pool	（2） 城市 Pool	（3） 农村 Fe
F	1.00 (0.694)	0.98 (0.946)	1.07*** (0.000)
Hausman Test	—	—	31.04*** (0.003)

注：*、**、***分别表示在10%、5%、1%的显著性水平上拒绝原假设，括号内为稳健标准误。

在分析了社会网络与中国家庭是否参与股票市场的关系之后，为使分析更加全面，进一步从规模角度验证社会网络对中国家庭股票市场参与行为的影响。具体回归结果如表4.7所示，其中第（1）列为式（4.7）的回归结果，根据F检验与豪斯曼检验结果选择面板回归的固定效应，可以看出核心解释变量旅游和探亲支出金额的回归结果显著为正，因此可以从规模角度证明前文关于社会网络影响家庭股票市场直接效应的讨论，即社会网络能够正向影响家庭股票市场的参与行为。其余控制变量的估计结果与表4.6大体一致，此处不再赘述。

此外，第（2）、（3）列为社会网络对中国家庭股票市场参与规模影响的城乡比较结果。根据F检验与豪斯曼检验结果分别选择面板回归的混合效应与固定效应，此处重点分析核心解释变量家庭旅游和探亲支出的回归结果。可以看出，城市家庭和农村家庭旅游和探亲支出金额的回归结果均显著为正，因此进一步从规模角度证明了社会网络对家庭股票市场参与行为的正向影响；这一影响在城乡家庭之间呈现出一定的差异性，城市家庭回归结果的绝对值（0.111）大于农村家庭（0.011），因此可以进一步从规模角度说明社会网络对城市家庭股票市场参与行为的影响大于农村家庭。

表 4.7　社会网络影响中国家庭股票市场参与规模

变量	（1） 全部 Fe	（2） 城市 Pool	（3） 农村 Fe
lgtave_s	0.105*** (0.003)	0.111*** (0.005)	0.011*** (0.003)

续表

变量	（1） 全部 Fe	（2） 城市 Pool	（3） 农村 Fe
Ac_d	−0.301*** （0.029）	−0.280*** （0.064）	−0.030** （0.015）
Ic_d	−0.137*** （0.032）	−0.167*** （0.049）	0.041* （0.022）
House_d	0.036 （0.026）	0.010 （0.042）	0.005 （0.018）
Car_d	0.445*** （0.029）	0.464*** （0.044）	0.073*** （0.021）
Gender	−0.162*** （0.028）	−0.096** （0.042）	0.017 （0.022）
Age	0.097*** （0.006）	0.125*** （0.008）	−0.003 （0.004）
Agesq	−0.001*** （0.0001）	−0.001*** （0.0001）	0.00002 （0.00004）
Edu	0.338*** （0.008）	0.364*** （0.012）	0.014* （0.007）
Pol	−0.047*** （0.007）	−0.055*** （0.011）	−0.003 （0.004）
Marriage	−0.023** （0.011）	−0.038** （0.017）	5.48e−06 （0.007）
Job	−0.070** （0.029）	−0.045 （0.048）	0.012 （0.020）
Health	0.005 （0.011）	−0.011*** （0.018）	0.006 （0.037）
Cons	−2.964*** （0.152）	−3.743*** （0.232）	0.033 （0.122）
F	1.01* （0.059）	1.01 （0.256）	1.16 （0.000）
Hausman Test	35.16*** （0.001）	—	25.96** （0.017）

注：*、**、***分别表示在10%、5%、1%的显著性水平上拒绝原假设，括号内为稳健标准误。

（2）社会网络影响家庭金融资产行为直接效应的内生性估计与稳健性检验

表4.6和表4.7的结果表明，社会网络对中国家庭股票市场参与行为存在显著的正向促进作用，但二者间的关系还需进一步识别，原因在于无法确定表4.6和表4.7中社会网络与中国家庭股票市场参与行为之间的正相关性，是由于社会网络的存在促进了家庭股票市场的参与，还是由于参与股票市场的家庭更倾向于通过增加社会交往的频率达到与亲戚朋友交流股市行情的目的。为克服社会网络与家庭股票市场参与行为回归方程中的内生性问题，进一步识别社会网络与家庭股票市场参与行为之间的因果关系，本书尝试利用工具变量的两阶段回归进行内生性估计。考虑在社会网络中，与他人互动频繁的家庭可能更愿意在节假日与其他家庭进行来往，因此本书尝试将家庭节假日收支的虚拟变量与节假日收支金额作为工具变量进行两阶段回归。

表4.8为社会网络与家庭股票市场参与行为的内生性估计结果，其中第（1）列与第（2）列为社会网络与家庭是否参与股票市场的内生性估计，第（3）列与第（4）列为社会网络与家庭持有股票市值的内生性估计。根据表4.8中第（1）列与第（2）列的回归结果，在第一阶段工具变量家庭节假日收支的系数为正且在1%的显著性水平上拒绝原假设，其F统计量为1428.52，大于10的经验值，因此可以拒绝弱工具变量的假设；二阶段的回归结果显示，通过引入工具变量的方式调整社会网络在家庭股票市场参与行为方程中的内生性后，社会网络的估计系数同样为正并且通过了显著性检验，说明社会网络能够促进家庭股票市场的参与。根据表4.8中第（3）列与第（4）列的回归结果，第一阶段工具变量家庭节假日收支金额的系数为正且在1%的显著性水平上拒绝原假设，其F统计量为1776.83，显著大于10的经验值，因此可以拒绝弱工具变量的假设；二阶段的回归结果显示，通过引入工具变量的方式调整社会网络在家庭股票市场参与行为方程中的内生性后，社会网络的估计系数同样为正并且通过了显著性检验，说明社会网络能够促进家庭股票市场的参与。此外，其他控制变量第二阶段的估计结果与前文表4.6和表4.7中的结果大体一致，故此处不再赘述。

表 4.8　社会网络影响家庭股票市场参与的内生性处理

变量	（1）一阶段	（2）二阶段	变量	（3）一阶段	（4）二阶段
$tave\_d$	—	0.228 *** (0.024)	$lgtave\_s$	—	0.386 *** (0.024)
hav_d	0.074 *** (0.003)	—	$lghav\_s$	0.099 *** (0.003)	—
Ac_d	−0.004 (0.004)	−0.043 *** (0.003)	Ac_d	−0.094 *** (0.028)	−0.260 *** (0.024)
Ic_d	0.016 ** (0.004)	−0.003 *** (0.003)	Ic_d	0.200 *** (0.031)	−0.260 *** (0.024)
$House\_d$	0.104 *** (0.003)	−0.008 ** (0.003)	$House\_d$	0.751 *** (0.027)	−0.196 *** (0.029)
Car_d	0.125 *** (0.004)	0.049 *** (0.004)	Car_d	1.178 *** (0.028)	0.091 ** (0.038)
$Gender$	−0.042 *** (0.003)	−0.012 *** (0.003)	$Gender$	−0.391 *** (0.027)	−0.039 (0.024)
Age	−0.007 *** (0.001)	0.011 *** (0.0005)	Age	−0.049 *** (0.005)	0.107 *** (0.005)
$Agesq$	0.0001 *** (6.38e−06)	−0.0001 *** (4.66e−06)	$Agesq$	0.0004 *** (0.00005)	−0.001 *** (0.00004)
Edu	0.071 *** (0.001)	0.036 ** (0.002)	Edu	0.635 *** (0.007)	0.165 *** (0.017)
Pol	0.025 *** (0.001)	−0.010 *** (0.001)	Pol	0.183 *** (0.007)	−0.085 *** (0.007)
$Marriage$	−0.008 ** (0.001)	0.001 (0.001)	$Marriage$	−0.073 *** (0.010)	0.015 * (0.009)
Job	−0.018 *** (0.004)	−0.005 ** (0.001)	Job	−0.222 *** (0.028)	−0.003 (0.024)
$Health$	−0.018 *** (0.004)	0.003 *** (0.001)	$Health$	−0.088 *** (0.011)	0.034 *** (0.009)
$Cons$	0.153 *** (0.018)	−0.353 *** (0.014)	$Cons$	0.906 *** (0.150)	−3.383 *** (0.128)

续表

变量	（1）一阶段	（2）二阶段	变量	（3）一阶段	（4）二阶段
F	1428.52*** (0.000)		F	1776.83*** (0.000)	

注：＊、＊＊、＊＊＊分别表示在10%、5%、1%的显著性水平上拒绝原假设，括号内为稳健标准误。

在对社会网络影响中国家庭股票市场参与行为进行了回归分析和内生性处理后，进一步对其影响予以稳健性检验。表4.9为社会网络对中国家庭股票市场参与行为影响的稳健性检验，其中第（1）、第（2）列为社会网络影响中国居民是否参与股票市场的稳健性检验，第（3）、第（4）列为社会网络影响中国居民家庭股票市场参与规模的稳健性检验。首先，由于在讨论社会网络与家庭是否参与股票市场时，被解释变量为虚拟变量，因此本书进一步利用 Probit 模型对其回归结果进行稳健性检验，具体结果如表4.9中第（1）列所示。可以看出，当核心解释变量同样为旅游和探亲支出时，Probit 模型的回归结果仍显著为正，因此进一步证明了社会网络能够提高家庭参与股票市场的可能性。在利用不同方法对二者间关系进行验证之后，进一步通过替换核心解释变量进行稳健性检验，即表4.9中第（2）列为式（4.6）的回归结果，根据 F 检验结果选择面板混合回归。在将核心解释变量由旅游和探亲支出替换为文化娱乐支出时，显著为正的回归结果进一步证实了社会网络对家庭是否参与股票市场的正向促进作用。因此，从不同方法与不同变量的角度分别验证了社会网络提高家庭参与股票市场概率的稳健性。

其次，从规模角度验证社会网络影响中国居民家庭股票市场参与行为的稳健性。由于考虑到样本中有超过一半的家庭没有股票账户，所持股票市值具有明显的截尾特点，因此进一步利用 Tobit 模型进行稳健性检验，表4.9中第（3）列的回归结果进一步证明了社会网络对家庭股票市场参与具有正向促进作用。在利用旅游和探亲支出金额对二者间关系进行验证之后，进一步通过替换核心解释变量进行稳健性检验，即表4.9中第（4）列为式（4.8）的回归结果，在将核心解释变量由旅游和探亲支出金额替换为文化娱乐支出金额时，显著为正的回归结果进一步证实了社会网络对家庭股票市场参与行为的正向影响。因此，通过替换方法与变量，从规模角度验证了社会网络对家庭股票市场参与行为正向影响的稳健性。关于其他控制变量，其回归结果与表4.7大体一致，故此处不再赘述。

表4.9　社会网络对家庭股票市场参与行为影响的稳健性检验

变量	（1） Probit	（2） Pool	（3） Tobit	（4） Fe
tave_d	0.485 ***	—	—	—
	(0.014)			
caee_d	—	0.047 ***	—	—
		(0.003)		
lgtave_s	—	—	0.980 ***	—
			(0.031)	
lgcaee_s	—	—	—	0.095 ***
				(0.004)
Ac_d	−0.783 ***	−0.039 ***	−13.706 ***	−0.274 ***
	(0.030)	(0.003)	(0.636)	(0.029)
Ic_d	0.044 **	−0.012 ***	0.420	−0.160 ***
	(0.018)	(0.003)	(0.329)	(0.032)
House_d	0.067 ***	0.018 ***	0.948 ***	0.153 ***
	(0.016)	(0.003)	(0.297)	(0.026)
Car_d	0.300 ***	0.075 ***	3.556 ***	0.482 ***
	(0.015)	(0.003)	(0.273)	(0.029)
Gender	−0.065 ***	−0.021 ***	−1.210 ***	−0.173 ***
	(0.015)	(0.003)	(0.279)	(0.028)
Age	0.082 ***	0.010 ***	1.388 ***	0.093 ***
	(0.003)	(0.001)	(0.065)	(0.006)
Agesq	−0.0008 ***	−0.0001 ***	−0.013 ***	−0.001 ***
	(0.00003)	(5.68e−06)	(0.001)	(0.0001)
Edu	0.257 ***	0.048 ***	3.930 ***	0.365 ***
	(0.004)	(0.001)	(0.087)	(0.008)
Pol	−0.045 ***	−0.002 ***	−0.421 ***	0.055 ***
	(0.005)	(0.001)	(0.086)	(0.007)
Marriage	−0.016 **	−0.002 **	−0.374 **	−0.027 **
	(0.007)	(0.001)	(0.133)	(0.011)

续表

变量	(1) Probit	(2) Pool	(3) Tobit	(4) Fe
Job	-0.206*** (0.018)	-0.006* (0.003)	-3.338*** (0.336)	-0.055* (0.029)
Health	-0.017** (0.007)	0.0004 (0.001)	-0.255** (0.126)	0.003 (0.011)
Cons	-4.208*** (0.092)	-0.326*** (0.016)	-73.789*** (1.880)	-3.269*** (0.154)
F	—	1.00 (0.443)	—	1.02** (0.014)
Hausman Test	—	—	—	26.29** (0.016)

注：*、**、***分别表示在10%、5%、1%的显著性水平上拒绝原假设，括号内为稳健标准误。

（3）社会网络影响家庭金融资产行为中介效应的估计结果

结合社会网络影响家庭股票市场参与行为直接效应的讨论，以及相关计量模型的设定，需进一步探讨在考虑家庭风险态度的情况下社会网络影响家庭股票市场参与行为的中介效应。

表4.10为社会网络对中国居民风险态度的影响结果，此处重点分析核心解释变量社会网络的回归结果。其中，第（1）、第（2）列为式（4.9）的回归结果，根据F检验与豪斯曼检验结果选择面板回归的固定效应。根据第（1）列的结果可以看出，核心解释变量旅游和探亲支出的回归结果显著为负，因此说明社会网络能够降低家庭对于风险的厌恶程度。在二者间关系进行讨论之后，进一步通过替换核心解释变量进行稳健性检验。根据第（2）列的结果可以看出，核心解释变量文化娱乐支出的回归结果显著为负，因此说明社会网络能够降低居民对于风险的厌恶程度。因此，从不同变量的角度验证了社会网络能够提高家庭参与股票市场的稳定性。

为使分析更加全面，因此进一步从规模角度验证社会网络对中国居民风险态度的影响，表4.10中第（3）、第（4）列为式（4.12）的回归结果，根据F检验与豪斯曼检验结果选择面板回归的固定效应。根据第（3）列的结果可以看出，核心解释变量旅游和探亲支出金额的回归结果显著为负，因此可以从规模角度证明社会网络能够降低中国居民风险厌恶程度的讨论。

在利用旅游和探亲支出金额对二者间关系进行验证之后,进一步通过替换核心解释变量进行稳健性检验,根据 F 检验与豪斯曼检验结果选择面板回归的固定效应。根据第(4)列的结果可以看出,在将核心解释变量由旅游和探亲支出金额替换为文化娱乐支出金额时,显著为负的回归结果进一步证实了社会网络对中国居民风险厌恶程度的负向影响。因此,通过替换变量,从规模角度验证了社会网络能够降低中国居民风险厌恶程度的稳健性。

表 4.10　社会网络影响中国居民风险态度

变量	(1) Fe	(2) Fe	(3) Fe	(4) Fe
$tave\_d$	-0.199^{***} (0.016)	—	—	—
$caee\_d$	—	-0.100^{***} (0.016)	—	—
$lgtave\_s$	—	—	-0.030^{***} (0.002)	—
$lgcaee\_s$	—	—	—	-0.026^{***} (0.003)
Ac_d	-0.019 (0.018)	-0.023 (0.019)	-0.024 (0.018)	-0.032^{*} (0.019)
Ic_d	-0.178^{***} (0.021)	-0.178^{***} (0.021)	-0.174^{***} (0.021)	-0.172^{***} (0.021)
$House\_d$	-0.058^{***} (0.018)	-0.068^{***} (0.018)	-0.058^{***} (0.018)	-0.086^{***} (0.018)
Car_d	-0.128^{***} (0.020)	-0.147^{***} (0.020)	-0.114^{***} (0.020)	-0.127^{***} (0.020)
$Gender$	-0.102^{***} (0.018)	-0.100^{***} (0.018)	-0.105^{***} (0.018)	-0.103^{***} (0.018)
Age	0.047^{***} (0.004)	0.049^{***} (0.004)	0.047^{***} (0.004)	-0.050^{***} (0.004)
$Agesq$	-0.0003^{***} (0.00003)	-0.0003^{***} (0.00003)	-0.0003^{***} (0.00003)	-0.0003^{***} (0.00003)
Edu	-0.090^{***} (0.005)	-0.096^{***} (0.005)	-0.085^{***} (0.005)	-0.093^{***} (0.005)

续表

变量	(1) Fe	(2) Fe	(3) Fe	(4) Fe
Pol	−0.005 (0.005)	−0.021*** (0.005)	−0.004 (0.005)	−0.037*** (0.005)
Marriage	−0.023*** (0.007)	−0.021*** (0.007)	−0.024*** (0.007)	−0.023*** (0.007)
Job	−0.076*** (0.020)	−0.088*** (0.020)	−0.077*** (0.020)	−0.088*** (0.020)
Health	0.034*** (0.007)	0.037*** (0.007)	0.033*** (0.007)	0.034*** (0.007)
Cons	2.929*** (0.098)	2.906*** (0.098)	2.938*** (0.098)	2.967*** (0.099)
F	1.02** (0.049)	1.02** (0.036)	1.02** (0.046)	1.02** (0.039)
Hausman Test	28.86*** (0.007)	30.84*** (0.004)	27.58** (0.010)	33.71*** (0.001)

注：*、**、***分别表示在10%、5%、1%的显著性水平上拒绝原假设，括号内为稳健标准误。

在验证了社会网络与中国居民风险态度间的关系之后，需进一步探讨风险态度对家庭股票市场参与行为的影响。

表4.11为风险态度对家庭是否参与股票市场的影响结果，此处重点讨论核心解释变量家庭风险态度的回归结果。其中，第（1）、第（2）列为式（4.10）的回归结果，根据F检验与豪斯曼检验结果选择面板回归的随机效应，从第（1）列的结果可以看出，核心解释变量家庭风险态度的回归结果显著为负，因此可以说明随着居民对于风险厌恶程度的降低，家庭参与股票市场的可能性会随之提高。由于在讨论社会网络与家庭是否参与股票市场时的被解释变量为虚拟变量，因此本书进一步利用Probit模型对其回归结果进行稳健性检验。从第（2）列可以看出，Probit模型的回归结果仍显著为负，因此进一步证明了居民对于风险厌恶程度的降低能够提高家庭参与股票市场的可能性。

为使分析更加全面，因此进一步从规模角度验证风险态度对家庭股票市场参与的影响，表4.11中第（3）、第（4）列为式（4.13）的回归结果，根据 F 检验与豪斯曼检验结果选择面板回归的随机效应。从第（3）列的结果可以看出，核心解释变量家庭风险态度的回归结果显著为负，因此可以从规模角度证明随着家庭对于风险厌恶程度的降低，家庭对于股票市场的参与程度会随之提高。由于考虑到样本中有超过一半的家庭没有股票账户，所持股票市值具有明显的截尾特点，因此进一步利用 Tobit 模型进行稳健性检验。从第（4）列的结果可以看出 Tobit 模型的回归结果依然显著为负，可以进一步从规模角度证明居民对于风险厌恶程度的降低能够促进家庭参与股票市场。因此，通过替换估计方法，从规模角度验证了中国居民对于风险厌恶程度对家庭参与股票市场负向影响的稳健性。

表 4.11 风险态度影响中国家庭股票市场参与行为

变量	（1） Re	（2） Probit	（3） Re	（4） Tobit
Attitude	−0.045 ***	−0.267 ***	−0.407 ***	−4.212 ***
	（0.001）	（0.007）	（0.010）	（0.123）
Ac_d	−0.063 ***	−0.928 ***	−0.465 ***	−15.360 ***
	（0.003）	（0.033）	（0.028）	（0.660）
Ic_d	−0.023 ***	−0.044 **	−0.181 ***	−0.493
	（0.003）	（0.022）	（0.031）	（0.385）
House_d	−0.003	−0.008	−0.067 **	−0.444
	（0.005）	（0.021）	（0.028）	（0.358）
Car_d	0.085 ***	0.385 ***	0.626 ***	4.860 ***
	（0.003）	（0.018）	（0.029）	（0.326）
Gender	−0.022 ***	−0.099 ***	−0.193 ***	−1.670 ***
	（0.003）	（0.189）	（0.027）	（0.322）
Age	0.012 ***	0.087 ***	0.106 ***	1.299 ***
	（0.001）	（0.004）	（0.005）	（0.074）
Agesq	−0.0001 ***	−0.0008 ***	−0.001 ***	−0.011 ***
	（5.62e-06）	（0.0004）	（0.0001）	（0.001）
Edu	0.047 ***	0.248 ***	0.367 ***	3.584 ***
	（0.001）	（0.005）	（0.008）	（0.099）
Pol	−0.002 *	−0.018 ***	0.006	0.072
	（0.001）	（0.006）	（0.008）	（0.105）

变量	(1) Re	(2) Probit	(3) Re	(4) Tobit
Marriage	-0.001 (0.001)	-0.015 (0.009)	-0.016 (0.011)	-0.449 *** (0.160)
Job	0.00002 (0.003)	-0.144 *** (0.023)	-0.030 (0.030)	-0.449 *** (0.160)
Health	0.0005 (0.001)	-0.011 (0.009)	-0.005 (0.011)	-2.361 *** (0.403)
Cons	-0.187 *** (0.016)	-3.240 *** (0.113)	-1.624 *** (0.150)	-51.896 *** (2.060)
F	1.02 * (0.051)	—	1.02 ** (0.039)	—
Hausman Test	18.11 (0.154)	—	18.37 (0.144)	—

注：*、**、***分别表示在10%、5%、1%的显著性水平上拒绝原假设，括号内为稳健标准误。

在分别考察了社会网络对家庭风险态度、风险态度对家庭股票市场参与行为的影响之后，需综合分析在考虑风险态度情况下社会网络对家庭股票市场参与行为的影响。

表4.12为在考虑风险态度情况下，社会网络影响家庭股票市场参与行为的回归结果，此处重点讨论核心解释变量社会网络的回归结果。其中，第（1）、第（2）列为式（4.11）的回归结果，根据F检验与豪斯曼检验结果选择面板回归的随机效应。从第（1）列的结果可以看出核心解释变量社会网络的回归结果显著为正，风险态度的回归结果为负，因此可以证明社会网络能够通过降低家庭对于风险的厌恶程度而提高其参与股票市场的可能性。由于在讨论社会网络、风险态度与家庭是否参与股票市场时的被解释变量为虚拟变量，因此本书进一步利用Probit模型对其回归结果进行稳健性检验。从第（2）列的结果可以看出，Probit模型的回归结果仍显著为正，风险态度的回归结果仍为负，因此进一步证明了社会网络能够通过降低家庭对于风险的厌恶程度而提高其参与股票市场的可能性。

为使分析更加全面，因此进一步从规模角度验证风险态度对家庭股票市场参与的影响，表4.12中第（3）、第（4）列为式（4.14）的回归结果，根据 F 检验与豪斯曼检验结果选择面板回归的随机效应。从第（3）列的结果可以看出核心解释变量社会网络的回归结果显著为正，风险态度的回归结果为负，因此可以从规模角度证明社会网络能够通过降低家庭对于风险的厌恶程度而提高其对于股票市场的参与程度。由于考虑到样本中有超过一半的家庭没有股票账户，所持股票市值具有明显的截尾特点，因此进一步利用 Tobit 模型进行稳健性检验。从第（4）列的结果可以看出，Tobit 模型的回归结果依然显著为正，风险态度的回归结果仍为负，可以进一步从规模角度证明社会网络能够通过降低家庭对于风险的厌恶程度而提高其对于股票市场的参与程度。因此，通过替换方法，从规模角度验证了社会网络能够通过降低居民对于风险的厌恶程度而对股票市场的参与程度产生正向影响的稳健性，最终从参与股票市场的可能性和规模两个角度，验证了风险态度在社会网络与家庭股票市场参与之间的中介效应。

表 4.12 社会网络影响家庭股票市场参与行为的中介效应

变量	（1）Re	（2）Probit	（3）Re	（4）Tobit
tave_d	0.064 *** (0.004)	0.370 *** (0.017)	—	—
lg*tave_s*	—	—	0.079 (0.005)	0.684 *** (0.036)
Attitude	−0.043 *** (0.002)	−0.257 *** (0.007)	−0.382 *** (0.015)	−3.956 *** (0.122)
Ac_d	−0.059 *** (0.005)	−0.895 *** (0.034)	−0.468 *** (0.043)	−14.602 *** (0.652)
Ic_d	−0.030 *** (0.005)	−0.046 ** (0.022)	−0.269 *** (0.049)	−0.647 * (0.382)
House_d	−0.008 * (0.005)	−0.015 (0.021)	−0.082 * (0.042)	−0.505 (0.354)
Car_d	0.075 *** (0.005)	0.336 *** (0.019)	0.492 *** (0.047)	3.818 *** (0.325)
Gender	−0.020 *** (0.004)	−0.084 *** (0.019)	−0.168 *** (0.042)	−1.355 *** (0.319)
Age	0.013 *** (0.001)	0.091 *** (0.004)	0.115 *** (0.009)	1.323 *** (0.074)

续表

变量	(1) Re	(2) Probit	(3) Re	(4) Tobit
Agesq	−0.0001 (8.77e−06)	−0.001 *** (0.0004)	−0.001 *** (0.0001)	−0.012 *** (0.001)
Edu	0.041 *** (0.001)	0.228 *** (0.005)	0.303 *** (0.012)	3.149 *** (0.098)
Pol	−0.005 *** (0.001)	−0.033 *** (0.006)	−0.033 *** (0.011)	−0.121 (0.105)
Marriage	−0.001 (0.002)	−0.010 (0.009)	−0.028 (0.017)	−0.367 ** (0.159)
Job	0.002 (0.005)	−0.159 *** (0.024)	−0.001 (0.047)	−2.440 *** (0.401)
Health	0.003 (0.002)	−0.004 (0.009)	0.014 (0.016)	−0.077 (0.146)
Cons	−0.227 *** (0.025)	−3.432 *** (0.114)	−1.854 *** (0.235)	−53.603 *** (2.056)
F	1.02 * (0.076)	—	1.02 *** (0.033)	—
Hausman Test	22.40 * (0.071)	—	21.90 * (0.081)	—

注: *、**、***分别表示在10%、5%、1%的显著性水平上拒绝原假设,括号内为稳健标准误。

(4) 社会网络影响家庭金融资产行为中介效应的内生性处理与稳健性检验

由表4.11和表4.12的结果表明,在考虑风险态度的情况下社会网络对家庭股票市场参与行为存在显著的正向促进作用,但二者间的关系仍存在内生性问题的可能性。为克服社会网络、风险态度与家庭股票市场参与行为回归方程中的内生性问题,进一步识别在考虑风险态度情况下社会网络与家庭股票市场参与行为之间的因果关系,本书同样尝试将节假日收支作为工具变量,并利用工具变量的两阶段回归进行内生性估计。

表4.13为社会网络、风险态度与家庭股票市场参与行为的内生性估计结果,其中第(1)列与第(2)列为在考虑风险态度情况下,社会网络与

家庭是否参与股票市场的内生性估计，第（3）列与第（4）列为社会网络与家庭持有股票市值的内生性估计。根据表 4.13 中第（1）列与第（2）列的回归结果，在第一阶段工具变量家庭节假日收支的系数为正且在 1% 的显著性水平上拒绝原假设，其 F 统计量为 858.87，大于 10 的经验值，因此可以拒绝弱工具变量的假设；二阶段的回归结果显示，通过引入工具变量的方式调整社会网络在家庭股票市场参与行为方程中的内生性后，社会网络的估计系数同样为正并且通过了显著性检验，说明在考虑家庭风险态度的情况下，社会网络仍然能够促进家庭股票市场的参与。根据表 4.13 中第（3）列与第（4）列的回归结果，在第一阶段工具变量家庭节假日收支金额的系数为正且在 1% 的显著性水平上拒绝原假设，其 F 统计量为 1069.02，显著大于 10 的经验值，因此可以拒绝弱工具变量的假设；二阶段的回归结果显示，通过引入工具变量的方式调整社会网络在家庭股票市场参与行为方程中的内生性后，社会网络的估计系数同样为正并且通过了显著性检验，说明在考虑家庭风险态度的情况下，社会网络仍然能够促进家庭股票市场的参与。

表 4.13　社会网络影响家庭股票市场参与中介效应的内生性处理

变量	（1）一阶段	（2）二阶段	变量	（3）一阶段	（4）二阶段
tave_d	—	0.248^{***} (0.028)	lgtave_s	—	0.392^{***} (0.030)
hav_d	0.870^{***} (0.003)	—	lghav_s	0.105^{***} (0.004)	—
Attitude	-0.030^{***} (0.002)	-0.038^{***} (0.001)	Attitude	-0.273^{***} (0.012)	-0.293^{***} (0.013)
Ac_d	-0.055^{***} (0.004)	-0.048^{***} (0.003)	Ac_d	-0.503^{***} (0.035)	-0.252^{***} (0.034)
Ic_d	0.007 (0.005)	-0.025^{***} (0.003)	Ic_d	0.149^{***} (0.039)	-0.252 (0.034)
House_d	0.025^{***} (0.005)	-0.009^{***} (0.003)	House_d	0.127^{***} (0.036)	-0.131^{***} (0.031)
Car_d	0.125^{***} (0.005)	0.053^{***} (0.005)	Car_d	1.216^{***} (0.037)	0.118^{**} (0.050)

续表

变量	（1） 一阶段	（2） 二阶段	变量	（3） 一阶段	（4） 二阶段
Gender	-0.030*** (0.004)	-0.015*** (0.003)	Gender	-0.301*** (0.034)	-0.068** (0.030)
Age	-0.007*** (0.001)	0.014*** (0.001)	Age	-0.503*** (0.007)	0.127*** (0.006)
Agesq	0.0001*** (8.38e-06)	-0.0001*** (6.09e-06)	Agesq	0.0005*** (0.0001)	-0.001*** (0.0001)
Edu	0.057*** (0.001)	0.032*** (0.002)	Edu	0.520*** (0.010)	0.154*** (0.018)
Pol	0.051*** (0.001)	-0.014*** (0.002)	Pol	0.385*** (0.010)	-0.132*** (0.013)
Marriage	-0.009*** (0.002)	0.002 (0.001)	Marriage	-0.084*** (0.014)	0.019 (0.012)
Job	0.021*** (0.005)	-0.006*** (0.003)	Job	0.066* (0.039)	-0.066** (0.033)
Health	-0.016*** (0.002)	0.005*** (0.001)	Health	-0.122*** (0.014)	0.055*** (0.012)
Cons	0.319*** (0.024)	-0.281*** (0.019)	Cons	2.379*** (0.191)	-2.780*** (0.183)
F	858.87*** (0.000)		F	1069.02*** (0.000)	

注：*、**、***分别表示在10%、5%、1%的显著性水平上拒绝原假设，括号内为稳健标准误。

在对社会网络影响中国家庭股票市场参与行为的中介效应进行了回归分析和内生性处理后，进一步对其影响予以稳健性检验。前文表4.10和表4.11分别通过替换核心解释变量、变换方法的方式对社会网络影响中国居民风险态度以及中国居民风险态度影响家庭股票市场参与进行了稳健性检验，因此需进一步检验在考虑居民风险态度时社会网络影响中国家庭股票市场参与中介效应的稳健性检验。

表4.14为社会网络影响中国家庭股票市场参与行为中介效应的稳健性检验，其中第（1）、第（2）列为社会网络影响中国居民是否参与股票市场

的稳健性检验，第（3）、第（4）列为社会网络影响中国居民家庭股票市场参与规模的稳健性检验。首先，由于在讨论社会网络与家庭是否参与股票市场时，被解释变量为虚拟变量，因此本书进一步利用 Probit 模型对其回归结果进行稳健性检验，具体结果如表 4.14 中第（1）列所示。可以看出，当核心解释变量同样为旅游和探亲支出时，Probit 模型的回归结果仍显著为正，且居民风险态度为负，因此进一步证明了社会网络能够通过降低居民风险态度提高家庭参与股票市场的可能性。在利用不同方法对二者间关系进行验证之后，进一步通过替换核心解释变量进行稳健性检验，根据 F 检验结果选择面板随机效应回归。在将核心解释变量由旅游和探亲支出替换为文化娱乐支出时，显著为正的回归结果与显著为负的居民风险态度进一步证实了社会网络通过降低居民风险态度从而对家庭是否参与股票市场产生的正向促进作用。因此，从不同方法与不同变量的角度分别验证了社会网络提高家庭参与股票市场概率中介效应的稳健性。

其次，从规模角度验证社会网络影响中国居民家庭股票市场参与行为中介效应的稳健性。由于考虑到样本中有超过一半的家庭没有股票账户，所持股票市值具有明显的截尾特点，因此进一步利用 Tobit 模型进行稳健性检验，表 4.14 中第（3）列 Tobit 模型的回归结果进一步证明了社会网络能够通过降低居民风险态度对家庭股票市场参与产生正向促进作用。在利用旅游和探亲支出金额对二者间关系进行验证之后，进一步通过替换核心解释变量进行稳健性检验，在将核心解释变量由旅游和探亲支出金额替换为文化娱乐支出金额时，显著为正的回归结果与显著为负的居民风险态度进一步证实了社会网络通过降低居民风险态度从而对家庭参与股票市场规模产生的正向促进作用。因此，通过替换方法与变量，从规模角度验证了社会网络影响家庭股票市场参与行为中介效应的稳定性。关于其他控制变量，其回归结果与表 4.12 大体一致，故此处不再赘述。

表 4.14　社会网络影响家庭股票市场参与行为中介效应的稳健性检验

变量	(1) Pool	(2) Probit	(3) Re	(4) Tobit
caee_d	0.041*** (0.002)	0.294*** (0.014)	—	—
lgcaee_s	—	—	0.077*** (0.003)	0.059*** (0.002)

续表

变量	(1) Pool	(2) Probit	(3) Re	(4) Tobit
Attitude	-0.016*** (0.001)	-0.106*** (0.005)	-0.148*** (0.006)	-0.105*** (0.005)
Ac_d	-0.045*** (0.002)	-0.829*** (0.032)	-0.311*** (0.023)	-0.806*** (0.037)
Ic_d	-0.037*** (0.002)	-0.237*** (0.012)	-0.287*** (0.016)	-0.199*** (0.012)
House_d	0.012*** (0.002)	0.077*** (0.016)	0.206*** (0.021)	0.184*** (0.017)
Car_d	0.075*** (0.002)	0.357*** (0.015)	0.472*** (0.022)	0.209*** (0.015)
Gender	-0.022*** (0.002)	-0.086 (0.015)	-0.181*** (0.021)	-0.078*** (0.016)
Age	0.009*** (0.0004)	0.073*** (0.003)	0.085*** (0.004)	0.073*** (0.004)
Agesq	-0.008*** (0.0004)	-0.069*** (0.003)	-0.072*** (0.004)	-0.068*** (0.003)
Edu	0.049*** (0.0001)	0.271*** (0.004)	0.374*** (0.006)	0.228*** (0.005)
Pol	-0.009*** (0.002)	-0.078*** (0.015)	-0.103*** (0.020)	-0.077*** (0.015)
Marriage	0.013*** (0.003)	0.110*** (0.021)	0.096*** (0.026)	0.100*** (0.022)
Job	-0.007*** (0.003)	-0.200*** (0.018)	-0.058*** (0.022)	-0.184*** (0.019)
Health	-0.0003 (0.001)	-0.029*** (0.007)	0.011*** (0.008)	-0.010 (0.007)
Cons	-0.258*** (0.012)	-3.773*** (0.090)	-2.583*** (0.113)	-3.836*** (0.233)
F	1.01 (0.148)	—	1.02*** (0.005)	—

变量	(1) Pool	(2) Probit	(3) Re	(4) Tobit
Hausman Test	—	—	22.35 *** (0.072)	—

注：*、**、***分别表示在10%、5%、1%的显著性水平上拒绝原假设，括号内为稳健标准误。

综上所述，结合社会网络对家庭金融资产行为影响的分析，重点探讨社会网络对家庭股票市场参与行为的影响。在不考虑风险态度的情况下，社会网络对家庭股票市场参与行为具有正向促进作用；在考虑风险态度的情况下，风险态度在社会网络与家庭股票市场参与之间具有中介效应，即社会网络能够通过降低家庭对于风险的厌恶程度而提高其对于股票市场的参与度。结合中国家庭金融调查 2011—2017 年的非平衡面板数据，利用面板回归、Probit 以及 Tobit 等方法，从参与可能性和规模两个角度分别验证了在不考虑风险态度的情况下，社会网络正向影响家庭股票市场参与行为的直接效应，以及通过构建"家庭风险态度"指标，在考虑风险态度的情况下社会网络影响家庭股票市场参与行为的中介效应，进而分情况从不同角度证明了社会网络对家庭金融行为的正向影响机理。此外，考虑到我国城乡存在的二元结构特征，进一步分析了社会网络对家庭股票市场参与行为影响的城乡差异，结果显示无论是家庭参与股票市场的可能性还是家庭所持有股票的市值，社会网络对城市家庭的影响均大于农村家庭。

4.2　社会网络影响中国居民家庭负债行为的实证研究

在对社会网络影响中国居民家庭资产行为进行分析之后，结合前文关于家庭金融行为概念的界定，进一步对社会网络影响中国居民家庭负债行为进行实证检验。

4.2.1　数据来源

关于社会网络与家庭负债行为的分析，本书主要探讨的是社会网络对家庭负债行为的影响。探讨社会网络与家庭负债行为的关系同样涉及家庭部门，综合考虑符合本书研究主题的数据应包含家庭社会网络以及家庭负债行为等信息,因此本书继续选择西南财经大学的中国家庭金融调查数据库(CHFS)作为本书实证研究的数据来源。该数据的优势在于信息量大,不仅包含了家庭社会网络的相关信息,还涉及家庭是否负债、负债规模、负债类别以及负债渠道等方面的信息。此外,CHFS还包含了家庭可支配收入、家庭所在区域和地区、家庭成员等方面的信息,可以凸显不同区域、不同地区以及不同家庭的异质性,因此具有抽样方法合理、样本数量庞大、家庭信息丰富等优势。

2011年、2013年、2015年和2017年四个年度的数据共包含113879户家庭,为避免异常值对实验结果的影响,本书剔除了反映社会网络信息和户主信息缺失的样本,同时将户主年龄小于18周岁、大于80周岁、总资产为0的家庭剔除,最后剩余103345户家庭。此外,为避免极端值与缺失值对实验结果的影响,本书将明显不符合常规的极端值予以剔除,并且CHFS对部分存在缺失值的变量进行了插值处理,本书使用的为插值处理后的数据。

4.2.2 指标选取

1. 社会网络

结合社会网络指标衡量的设定,即从网络本身的功能以及社会行为的角度对社会网络予以度量,进一步结合既有社会网络的相关研究,本书尝试利用"红白喜事礼金收支""节假日收支"以及"通信费用支出"衡量社会网络。原因在于,红白喜事礼金收支能够体现我国人情往来的社会关系以及社会互动的特点;处于较大网络规模内的群体倾向于在节假日与亲戚朋友联系,而在节假日的交往过程中会产生节假日收支费用;考虑到日常生活中社会互动频繁的群体倾向于通过手机和互联网等方式与亲戚朋友联系,而在使用手机和互联网过程中会产生通信费用,因此可以认为通信费用越高的家庭社会互动越频繁。由于在分析家庭负债行为时考虑了家庭是否负债,因此设定了家庭负债行为的虚拟变量,为保证数据形式的一致性以及结果的合理性,本书尝试对社会网络变量进行虚拟化处理。具体而言,首先计算出红白礼金收支占家庭总收入的比重,其次计算出该百分比的中位数,最后设定其虚拟变量,红白礼金收支占家庭总收入的比重低于中位数的家庭记为"0",高于中位数的家庭记为"1",通信费用支出作同样处理。

为了更全面地考察社会网络与家庭非金融资产行为之间的关系,进一步从规模的角度对其进行实证检验，即选择"红白喜事礼金收支金额""节假日收支金额"以及"通信费用支出金额"衡量社会网络规模，为减少异方差对回归结果的影响，对其进行对数化处理。

2. 家庭负债行为

结合家庭负债行为指标衡量的设定、社会网络对家庭负债行为的影响机理以及中国家庭金融调查问卷，构造家庭负债行为的虚拟变量。问卷中涉及"家庭是否因农业和工商业经营、住房、汽车、子女教育、消费以及投资而存在借贷行为"等问题，答案为"是"的家庭标记为"1"，答案为"否"的家庭标记为"0"，以此反映家庭是否进行负债。为了更全面地考察社会网络与家庭负债行为之间的关系，进一步从规模的角度对其进行实证检验，即选择"家庭负债金额"衡量家庭负债行为的参与规模，为减少异方差对回归结果的影响，对其进行对数化处理。

此外，根据前文的机理分析，从债权、债务双方探讨了社会网络规模与家庭民间借贷行为之间的关系，因此本书从"借""贷"两个角度界定家庭民间借贷行为。选取家庭负债总额中除银行贷款以外的部分以衡量民间借入规模，家庭借出款项总额以衡量民间借出规模。此外，由于理论模型中关于对债权人借出款的讨论涉及"回收率"，因此本书尝试构建"民间借出款项回收率"，即

民间借出款项回收率 = （民间借出款金额−尚未还款金额[①]）÷民间借出款金额

通过构建这一指标，探讨社会网络规模与家庭借出款之间的中介效应。

3. 其他控制变量

为了控制家庭经济特征和户主特征对家庭负债行为的影响，本书设定了家庭经济特征以及户主特征两组虚拟变量。关于家庭经济特征变量，主要包括"去年是否从事农业生产经营""去年是否从事工商业生产经营""是否拥有自有房屋""是否有汽车"；关于户主特征变量，主要包括"性别""文化程度""政治面貌""婚姻状况""是否有工作""身体状况""户主年龄"以及"户主年龄的平方项"。

4.2.3　实证模型设定

结合社会网络对家庭负债行为的影响机理以及相关指标的选取，基于

---

① 调查问卷中提供了相关问题，即"这一款项至今仍有多少尚未归还"。

地位寻求视角的社会网络对家庭负债行为的影响，家庭之间存在通过购买地位性商品进行社会地位的攀比。因此可以理解为社会网络会通过家庭对于地位性商品的购买而提高家庭负债，即地位性商品的消费在社会网络与家庭负债之间存在中介效应。基于既有文献对中介效应的检验，本书尝试引入地位性商品支出①，并设定以下实证模型：

$$status\_d_{it} = C + \alpha rww\_d_{it}(comme\_d_{it}) + \beta X_{it} + \epsilon_{it} \quad (4.15)$$

$$debt\_d_{it} = C + \alpha status\_d_{it} + \beta X_{it} + \epsilon_{it} \quad (4.16)$$

$$debt\_d_{it} = C + \alpha status\_d_{it} + \gamma rww\_d_{it}(comme\_d_{it}) + \beta X_{it} + \epsilon_{it} \quad (4.17)$$

$$\lg status\_s_{it} = C + \alpha \lg rww\_s_{it}(\lg comme\_s_{it}) + \beta X_{it} + \epsilon_{it} \quad (4.18)$$

$$\lg debt\_s_{it} = C + \alpha \lg status\_s_{it} + \beta X_{it} + \epsilon_{it} \quad (4.19)$$

$$\lg debt\_s_{it} = C + \alpha \lg status\_s_{it} + \gamma \lg rww\_s_{it}(\lg comme\_s_{it}) + \beta X_{it} + \epsilon_{it}$$
$$(4.20)$$

式（4.15）至式（4.20）是对社会网络、地位性商品支出与家庭负债行为的检验，其中 $comme\_d$ 与 $\lg comme\_s$ 分别表示通信费用支出的虚拟变量与通信费用支出金额，$debt\_d$ 与 $\lg debt\_s$ 分别表示家庭是否负债以及家庭债务规模，$status\_d$ 与 $\lg status\_s$ 分别表示家庭是否购买地位性商品以及地位性商品支出金额，其余变量与前文式（4.1）至式（4.4）中的含义相同，括号表示通过替换变量进行稳健性检验。

进一步地，考虑社会网络对家庭民间借贷行为的影响机理以及相关指标的选取，即社会网络规模对家庭民间借入金额存在正向促进作用，本书首先检验社会网络对家庭民间借入的影响，故设定以下实证模型：

$$\lg debt\_is_{it} = C + \alpha \lg rww\_s_{it} + \beta X_{it} + \epsilon_{it} \quad (4.21)$$

$$\lg debt\_is_{it} = C + \alpha \lg hav\_s_{it} + \beta X_{it} + \epsilon_{it} \quad (4.22)$$

式（4.21）与式（4.22）考察社会网络对家庭民间借入的影响，其中 $\lg debt\_is$ 为家庭民间借入金额，C 为常数项，$\lg rww\_s$ 为红白喜事礼金收支金额，X 表示家庭经济特征与户主特征，ϵ 为扰动项。式（4.22）是对式（4.21）的稳健性检验，将主要解释变量由红白喜事礼金收支金额替换为节假日收支金额。

在对网络与家庭民间借入金额进行分析之后，还需进一步对社会网络与家庭民间借出金额进行检验，结合前文关于社会网络对家庭民间借出的

---

① 根据理论模型中对地位性商品的定义，本书将中国家庭金融调查中关于房屋、汽车和珠宝等商品视为地位性商品，并以此设定是否购买地位性商品以及地位性商品支出金额。

影响，社会网络能够通过提高借款回收率进而促进债权人向债务人提供贷款，即家庭借款回收率在社会网络与家庭民间借出行为之间存在中介效应。因此基于既有文献对中介效应的检验，本书尝试建立以下实证模型：

$$Roa_{it} = C + \alpha lgrww\_s_{it}(lghav\_s_{it}) + \beta X_{it} + \epsilon_{it} \tag{4.23}$$

$$lglend\_s_{it} = C + \alpha Roa_{it} + \beta X_{it} + \epsilon_{it} \tag{4.24}$$

$$lglend\_s_{it} = C + \alpha Roa_{it} + \alpha lgrww\_s_{it}(lghav\_s_{it}) + \beta X_{it} + \epsilon_{it} \tag{4.25}$$

式（4.23）至式（4.25）是对社会网络、借款回收率与家庭民间借出行为的检验，其中 $lglend\_s$ 表示家庭民间支出金额，Roa 表示家庭借款回收率，其余变量与前文式（4.21）至式（4.22）中的含义相同，括号表示通过替换变量进行稳健性检验。

表 4.15 反映了主要变量的描述性统计结果与说明。

表 4.15　主要变量的描述性统计与说明

名称	符号	均值	标准差	最小值	最大值	定义
社会网络	rww_d	0.407	0.491	0	1	0：否；1：是
	$lgrww\_s$	3.651	3.936	0	13.541	红白喜事礼金收支金额的对数
	$comme\_d$	0.507	0.500	0	1	0：否；1：是
	$lgcomme\_s$	6.232	1.990	0	13.305	通信费用支出金额的对数
	$lghav\_s$	4.158	3.822	0	13.017	节假日收支金额的对数
家庭负债行为	$debt\_d$	0.528	0.499	0	1	0：否；1：是
	$lgdebt\_s$	3.910	5.577	0	23.431	家庭负债金额的对数
	$lgdebt\_is$	1.367	3.559	0	15.830	家庭借入金额的对数
	$lglend\_s$	1.166	3.261	0	15.895	家庭借出金额的对数
是否参与农业经营	Ac_d	0.238	0.426	0	1	0：否；1：是
是否参与工商业经营	Ic_d	0.151	0.358	0	1	0：否；1：是
是否拥有自有房屋	$House\_d$	0.280	0.449	0	1	0：否；1：是
是否拥有自有汽车	Car_d	0.214	0.410	0	1	0：否；1：是
性别	$Gender$	0.771	0.420	0	1	0：女；1：男

续表

名称	符号	均值	标准差	最小值	最大值	定义
年龄	*Age*	52.330	13.512	18	80	户主年龄
	Agesq	2920.999	1414.192	324	6400	户主年龄平方项
文化程度	*Edu*	3.458	1.678	1	9	1-9：没上过学→博士研究生
政治面貌	*Pol*	2.045	1.649	1	4	1：共青团员；2：中共党员；3：民主党派或其他党派；4：群众
婚姻状况	*Marriage*	2.303	1.111	1	7	1-7：未婚→再婚
就业情况	*Job*	0.672	0.470	0	1	0：否；1：是
身体情况	*Health*	2.792	1.085	1	5	1-5：非常好→非常不好
地位性商品支出	*Status_d*	0.681	0.466	0	1	0：否；1：是
	lgstatus_s	10.572	4.041	0	17.087	地位商品支出金额
借款回收率	*Roa*	0.003	0.047	0	1	已还款/借出金额

注：表中结果为小数点后保留 3 位有效数字。

4.2.4 实证结果分析

1. 社会网络影响家庭负债行为

（1）回归结果分析

结合社会网络对家庭负债行为影响的讨论，以及相关计量模型的设定，需分析社会网络、地位性商品支出与家庭负债行为之间的关系。

表 4.16 为社会网络对家庭是否购买地位性商品的影响及其城乡比较结果，此处重点分析核心解释变量社会网络的回归结果。根据 F 检验结果选择面板回归的混合效应，由第（1）列的结果可以看出核心解释变量红白礼金收支的回归结果显著为正，因此可以说明社会网络能够促进家庭对地位性商品的购买。

第（2）、（3）列为社会网络影响家庭是否购买地位性商品的城乡比较结果。根据 F 检验结果选择面板回归的混合效应，此处重点分析核心解释变量家庭红白喜事礼金收支的回归结果。可以看出，城市家庭和农村家庭红白喜事礼金收支的回归结果均显著为正，因此进一步证明了社会网络能够促进家庭购买地位性商品行为；这一影响在城乡家庭之间呈现出一定的差异性，城市家庭回归结果的绝对值（0.063）小于农村家庭（0.071），因此可以说明社会网络对农村家庭是否购买地位性商品行为的影响大于城市家庭。

表 4.16　社会网络影响家庭是否购买地位性商品

变量	（1） 全部 Pool	（2） 城市 Pool	（3） 农村 Pool
rww_d	0.067 *** （0.002）	0.063 *** （0.003）	0.071 *** （0.004）
Ac_d	-0.155 *** （0.003）	-0.109 *** （0.005）	-0.237 *** （0.004）
Ic_d	0.015 *** （0.003）	0.027 *** （0.004）	0.014 ** （0.006）
House_d	0.348 *** （0.003）	0.363 *** （0.003）	0.333 *** （0.005）
Car_d	0.453 *** （0.003）	0.460 *** （0.003）	0.430 *** （0.006）
Gender	0.033 *** （0.003）	0.021 *** （0.003）	0.032 *** （0.006）
Age	0.008 *** （0.001）	0.006 *** （0.001）	0.015 *** （0.001）
Agesq	-0.0001 *** （5.29e-06）	-0.0002 *** （6.24e-06）	-0.0001 *** （0.00001）
Edu	-0.001 * （0.0007）	0.006 *** （0.001）	0.004 ** （0.002）
Pol	0.108 *** （0.001）	0.094 *** （0.001）	0.129 *** （0.001）
Marriage	-0.003 *** （0.001）	-0.004 *** （0.001）	0.001 （0.002）
Job	0.049 *** （0.003）	0.034 *** （0.001）	0.047 *** （0.005）
Health	-0.025 *** （0.001）	-0.030 *** （0.001）	-0.019 *** （0.002）

变量	(1) 全部 Pool	(2) 城市 Pool	(3) 农村 Pool
Cons	-0.010 (0.015)	0.042*** (0.017)	-0.114*** (0.032)
F	0.84 (1.000)	0.89 (1.000)	0.96 (0.995)

注：*、**、***分别表示在10%、5%、1%的显著性水平上拒绝原假设，括号内为稳健标准误。

为了使分析更加全面，因此进一步从规模角度验证社会网络对家庭地位性商品支出的影响，具体结果如表4.17所示，此处重点分析核心解释变量社会网络的回归结果。表4.17中第（1）列为式（4.18）的回归结果，根据F检验结果选择面板回归的混合效应，由第（1）列的结果可以看出，核心解释变量红白喜事礼金收支金额的回归结果显著为正，因此可以从规模角度证明社会网络能够促进家庭对于地位性商品的购买。

进一步地，表4.17中第（2）、（3）列为社会网络对家庭地位性商品支出金额的城乡比较结果。根据F检验结果选择面板回归的混合效应，可以看出城市家庭和农村家庭红白礼金收支金额的回归结果均显著为正，因此进一步从规模角度证明了社会网络对家庭购买地位性商品行为的正向影响；这一影响在城乡家庭之间呈现出一定的差异性，城市家庭回归结果的绝对值（0.136）小于农村家庭（0.145），因此可以进一步从规模角度说明社会网络对农村家庭购买地位性商品行为的影响大于城市家庭，即农村家庭的攀比效应大于城市家庭。

表4.17　社会网络影响家庭地位性商品支出金额

变量	(1) 全部 Pool	(2) 城市 Pool	(3) 农村 Pool
lgrww_s	0.141*** (0.003)	0.136*** (0.004)	0.145*** (0.005)
Ac_d	-1.353*** (0.003)	-0.971*** (0.052)	-1.554*** (0.041)

变量	（1） 全部 Pool	（2） 城市 Pool	（3） 农村 Pool
Ic_d	0.216 ***	0.210 ***	0.342 ***
	（0.033）	（0.039）	（0.064）
House_d	2.270 ***	2.582 ***	1.493 ***
	（0.028）	（0.035）	（0.050）
Car_d	2.250 ***	2.318 ***	2.076 ***
	（0.030）	（0.035）	（0.059）
Gender	0.096 ***	0.037	0.292 ***
	（0.029）	（0.033）	（0.061）
Age	0.180 ***	0.155 ***	0.192 ***
	（0.006）	（0.007）	（0.012）
Agesq	−0.001 ***	−0.001 ***	−0.002 ***
	（0.0001）	（0.0001）	（0.0001）
Edu	0.209 ***	0.222 ***	0.143 ***
	（0.008）	（0.009）	（0.020）
Pol	−0.342 ***	−0.372 ***	−0.261 ***
	（0.008）	（0.010）	（0.013）
Marriage	−0.059 ***	−0.060 ***	−0.039 **
	（0.011）	（0.014）	（0.018）
Job	−0.166 ***	−0.144 ***	0.174 ***
	（0.030）	（0.038）	（0.053）
Health	−0.543 ***	−0.587 ***	−0.431 ***
	（0.011）	（0.014）	（0.017）
Cons	5.652 ***	5.964 ***	5.605 ***
	（0.159）	（0.184）	（0.338）
F	0.88	0.91	0.91
	（1.000）	（1.000）	（1.000）

注：*、**、***分别表示在10%、5%、1%的显著性水平上拒绝原假设，括号内为稳健标准误。

在验证了社会网络对家庭地位性商品支出的影响之后，进一步讨论地位性商品支出对家庭负债行为的影响。

表 4.18 为地位性商品支出对家庭负债行为的影响结果，此处重点讨论核心解释变量地位性商品支出的回归结果。其中，第（1）、第（2）列为式（4.16）的回归结果，根据 F 检验结果选择面板回归的混合效应，从第（1）列的结果可以看出核心解释变量家庭地位性商品支出的回归结果显著为正，因此可以说明家庭购买地位性商品概率的提高能够提升家庭进行负债的可能性。由于在讨论地位性商品支出与家庭负债行为时的被解释变量为虚拟变量，因此本书进一步利用 Probit 模型对其回归结果进行稳健性检验。从第（2）列可以看出，Probit 模型的回归结果仍显著为正，因此进一步证明了家庭购买地位性商品概率的提高能够提升家庭进行负债的可能性。

为了使分析更加全面，因此进一步从规模角度验证地位性商品支出对家庭负债行为的影响，表 4.18 中第（3）、第（4）列为式（4.19）的回归结果，根据 F 检验结果选择面板回归的混合效应。从第（3）列的结果可以看出，核心解释变量地位性商品支出金额的回归结果显著为正，因此可以从规模角度证明家庭对于地位性商品支出金额的提升会提高家庭负债水平。由于考虑到样本中有超过一半的家庭没有负债，家庭负债金额具有明显的截尾特点，因此进一步利用 Tobit 模型进行稳健性检验。从第（4）列的结果可以看出，Tobit 模型的回归结果依然显著为正，可以进一步从规模角度证明地位性商品支出对家庭负债行为的正向影响。因此，通过替换估计方法，从规模角度验证了地位性商品支出对家庭负债行为正向影响的稳健性。

表 4.18 地位性商品支出影响家庭负债行为

变量	(1) Pool	(2) Probit	(3) Pool	(4) Tobit
$Status\_d$	0.045 *** (0.004)	0.174 *** (0.013)	—	—
$lgstatus\_s$	—	—	0.201 *** (0.005)	0.203 *** (0.005)
Ac_d	0.407 *** (0.004)	1.275 *** (0.013)	1.997 *** (0.045)	2.055 *** (0.043)
Ic_d	0.194 *** (0.004)	0.616 *** (0.013)	0.749 *** (0.050)	0.637 *** (0.047)
$House\_d$	0.031 *** (0.004)	0.060 *** (0.012)	0.866 *** (0.044)	0.450 *** (0.043)

续表

变量	（1） Pool	（2） Probit	（3） Pool	（4） Tobit
Car_d	0.132 ***	0.390 ***	1.039 ***	0.908 ***
	(0.004)	(0.013)	(0.046)	(0.044)
Gender	0.001	0.009	0.210 ***	0.183 ***
	(0.003)	(0.011)	(0.043)	(0.044)
Age	0.009 ***	0.034 ***	0.017 **	0.095 ***
	(0.001)	(0.002)	(0.009)	(0.009)
Agesq	−0.0001 ***	−0.0005 ***	−0.001 ***	−0.002 ***
	(6.69e−06)	(0.00002)	(0.0001)	(0.0001)
Edu	0.019 ***	0.053 ***	0.071 ***	0.038 ***
	(0.001)	(0.003)	(0.012)	(0.012)
Pol	−0.049 ***	−0.164 ***	0.175 ***	0.124 ***
	(0.001)	(0.003)	(0.012)	(0.012)
Marriage	0.005 ***	0.017 ***	0.103 ***	0.099 ***
	(0.001)	(0.004)	(0.017)	(0.018)
Job	0.049 ***	0.111 ***	0.271 ***	0.417 ***
	(0.004)	(0.011)	(0.045)	(0.046)
Health	0.023 ***	0.073 ***	0.580 ***	0.580 ***
	(0.001)	(0.004)	(0.017)	(0.017)
Cons	0.224 ***	−0.915 ***	−0.073 ***	−20.307 ***
	(0.019)	(0.061)	(0.242)	(0.721)
F	0.97	—	0.96	—
	(1.000)		(1.000)	

注：*、**、***分别表示在10%、5%、1%的显著性水平上拒绝原假设，括号内为稳健标准误。

在分别考察了社会网络对家庭地位性商品支出、地位性商品支出对家庭负债行为的影响之后，需综合分析在考虑地位性商品支出情况下，社会网络对家庭负债行为的影响。

表4.19为在考虑家庭是否购买地位性商品情况下，社会网络影响家庭负债行为及其城乡比较的回归结果。其中，第（1）列为式（4.17）的回归结果，根据F检验结果选择面板回归的混合效应。从第（1）列的结果可以看出，核心解释变量社会网络与家庭是否购买地位性商品的回归结果显著

为正，因此可以证明社会网络能够通过提高家庭购买地位性商品的概率，从而提升其进行负债的可能性。

关于其他控制变量，参与农业、工商业经营以及具有房屋和汽车的家庭更倾向于进行负债，并且负债水平相对更高；而户主为已婚的健康男性，并且有工作的家庭进行负债的可能性与负债水平均相对较高；并且户主教育程度的提升对于家庭负债水平具有正向促进作用。此外，户主年龄的一次项回归结果显著为正，二次项显著为负，说明家庭的负债行为与户主年龄大致呈"倒 U 形"关系。

进一步地，表中第（2）列和第（3）列为在考虑家庭是否购买地位性商品情况下，社会网络对家庭负债行为影响的城乡比较结果。根据 F 检验结果选择面板回归的混合效应，此处重点分析核心解释变量家庭红白喜事礼金收支的回归结果，可以看出，城市家庭和农村家庭红白喜事礼金收支的回归结果均显著为正，因此进一步证明了社会网络能够正向影响家庭购买地位性商品行为；这一影响在城乡家庭之间呈现出一定的差异性，城市家庭回归结果的绝对值（0.042）小于农村家庭的绝对值（0.053），因此可以说明社会网络对农村家庭是否负债行为的影响大于城市家庭。

表 4.19　社会网络、是否购买地位性商品与家庭负债行为

变量	（1） 全部 Pool	（2） 城市 Pool	（3） 农村 Pool
rww_d	0.044*** （0.003）	0.042*** （0.004）	0.053*** （0.005）
$Status\_d$	0.039*** （0.004）	0.045*** （0.005）	0.042*** （0.007）
Ac_d	0.406*** （0.004）	0.380*** （0.006）	0.420*** （0.005）
Ic_d	0.195*** （0.004）	0.216*** （0.005）	0.142*** （0.008）
$House\_d$	0.039*** （0.004）	0.062*** （0.005）	-0.009 （0.007）
Car_d	0.133*** （0.004）	0.148*** （0.005）	0.061*** （0.008）

续表

变量	(1) 全部 Pool	(2) 城市 Pool	(3) 农村 Pool
Gender	0.001 (0.003)	0.001 (0.004)	0.004 (0.008)
Age	0.008*** (0.001)	0.011*** (0.001)	0.011*** (0.002)
Agesq	−0.0001*** (6.70e−06)	−0.0002*** (7.92e−06)	−0.0002*** (0.00001)
Edu	0.019*** (0.001)	0.024*** (0.001)	−0.007*** (0.002)
Pol	−0.047*** (0.001)	−0.039*** (0.001)	−0.061*** (0.002)
Marriage	0.005*** (0.001)	0.007*** (0.002)	0.002 (0.002)
Job	0.048*** (0.004)	0.050*** (0.005)	−0.010 (0.007)
Health	0.025*** (0.001)	0.019*** (0.002)	0.027*** (0.002)
Cons	0.214*** (0.019)	0.126*** (0.022)	0.281*** (0.042)
F	0.97 (1.000)	0.99 (0.747)	0.95 (0.999)

注: *、**、***分别表示在 10%、5%、1%的显著性水平上拒绝原假设，括号内为稳健标准误。

为使分析更加全面，因此进一步从规模角度验证在考虑地位性商品支出情况下，社会网络与家庭负债行为的回归结果，具体如表 4.20 所示。其中，第（1）列为式（4.20）的回归结果，根据 F 检验结果选择面板回归的混合效应。从第（1）列的结果可以看出，核心解释变量社会网络的回归结果显著为正，因此可以从规模角度证明社会网络能够通过提高家庭对于地位性商品的支出金额而提升其负债水平。其余控制变量的估计结果与表 4.19 大体一致，故此处不再赘述。

此外，表 4.20 中第（2）列和第（3）列为社会网络对家庭负债金额影响的城乡估计结果，根据 F 检验结果选择面板回归的混合效应。可以看出，城市家庭和农村家庭红白礼金收支金额的回归结果均显著为正，因此进一步从规模角度证明了社会网络对家庭负债行为的正向影响；这一影响在城乡家庭之间呈现出一定的差异性，城市家庭回归结果的绝对值（0.018）小于农村家庭绝对值（0.025），因此可以进一步从规模角度说明社会网络对农村家庭负债行为的影响大于城市家庭，即农村家庭更容易通过攀比效应而使其负债水平提高。

表 4.20 社会网络、地位性商品支出金额与家庭负债行为

变量	（1） 全部 Pool	（2） 城市 Pool	（3） 农村 Pool
$lgrww\_s$	0.041 *** (0.005)	0.018 *** (0.005)	0.025 *** (0.008)
$lgstatus\_s$	0.194 *** (0.005)	0.171 *** (0.005)	0.263 *** (0.009)
Ac_d	1.986 *** (0.045)	1.254 *** (0.070)	1.798 *** (0.068)
Ic_d	0.740 *** (0.050)	0.437 *** (0.054)	0.392 *** (0.102)
$House\_d$	0.924 *** (0.044)	1.138 *** (0.050)	0.653 *** (0.082)
Car_d	1.024 *** (0.046)	0.875 *** (0.050)	0.727 *** (0.096)
$Gender$	0.205 *** (0.043)	0.238 *** (0.046)	0.292 *** (0.099)
Age	0.012 (0.009)	0.010 (0.009)	0.078 *** (0.020)
$Agesq$	-0.001 *** (0.0001)	-0.001 *** (0.0001)	-0.001 *** (0.0002)
Edu	0.069 *** (0.012)	0.044 *** (0.013)	-0.021 (0.032)
Pol	0.190 *** (0.012)	0.564 *** (0.014)	0.604 *** (0.021)

续表

变量	(1) 全部 Pool	(2) 城市 Pool	(3) 农村 Pool
Marriage	0. 104 ***	0. 095 ***	0. 090 ***
	(0. 017)	(0. 019)	(0. 030)
Job	0. 260 ***	0. 343 ***	- 0. 606 ***
	(0. 045)	(0. 053)	(0. 085)
Health	0. 599 ***	0. 414 ***	0. 668 ***
	(0. 017)	(0. 020)	(0. 028)
Cons	- 0. 112	- 1. 100 ***	- 2. 918 ***
	(0. 242)	(0. 258)	(0. 545)
F	0. 96	0. 97	0. 96
	(1. 000)	(0. 996)	(0. 996)

注: * 、 ** 、 *** 分别表示在 10%、5%、1% 的显著性水平上拒绝原假设, 括号内为稳健标准误。

（2）内生性处理与稳健性检验

表 4. 19 和表 4. 20 的结果表明, 在考虑地位性商品支出的情况下社会网络对家庭负债行为存在显著的正向促进作用, 但二者间的关系仍存在内生性问题的可能性。为克服社会网络、地位性商品支出与家庭负债行为回归方程中的内生性问题, 进一步识别在考虑地位性商品支出情况下社会网络与家庭负债行为之间的因果关系, 本书同样尝试将节假日收支的虚拟变量与本地交通费用金额作为工具变量, 并利用工具变量的两阶段回归进行内生性估计。

表 4. 21 为社会网络影响家庭负债行为的内生性估计结果, 其中第 （1）列与第 （2）列为在考虑地位性商品支出的情况下, 社会网络与家庭是否进行负债的内生性估计, 第 （3）列与第 （4）列为社会网络与家庭负债金额的内生性估计。根据表 4. 21 中第 （1）列与第 （2）列的回归结果, 在第一阶段工具变量家庭节假日收支的系数为正且在 1% 的显著性水平上拒绝原假设, 其 F 统计量为 1034. 92, 大于 10 的经验值, 因此可以拒绝弱工具变量的假设; 二阶段的回归结果显示, 通过引入工具变量的方式调整社会网络在家庭负债行为方程中的内生性后, 社会网络的估计系数同样为正并且通过了显著性检验, 说明在考虑地位性商品支出的情况下, 社会网络仍然能

够提高家庭进行负债的可能性。根据表 4.21 中第（3）列与第（4）列的回归结果，在第一阶段工具变量家庭本地交通费用金额的系数为正且在 1% 的显著性水平上拒绝原假设，其 F 统计量为 1119.77，显著大于 10 的经验值，因此可以拒绝弱工具变量的假设；二阶段的回归结果显示，通过引入工具变量的方式调整社会网络在家庭负债行为方程中的内生性后，社会网络的估计系数同样为正并且通过了显著性检验，说明在考虑地位性商品支出的情况下，社会网络仍然能够提高家庭负债水平。

表 4.21　社会网络影响家庭负债行为的内生性处理

变量	（1）一阶段	（2）二阶段	变量	（3）一阶段	（4）二阶段
rww_d	—	0.062*** (0.012)	$lgrww\_s$	—	0.561*** (0.049)
hav_d	0.231*** (0.003)	—	$lgtrane\_s$	0.130*** (0.004)	—
$Status\_d$	0.113*** (0.004)	0.037*** (0.004)	$lgstatus\_s$	0.136*** (0.003)	0.116*** (0.009)
Ac_d	0.029*** (0.004)	0.406*** (0.004)	Ac_d	0.276*** (0.031)	1.842*** (0.050)
Ic_d	-0.010*** (0.004)	0.195*** (0.004)	Ic_d	0.171*** (0.034)	0.628*** (0.054)
$House\_d$	-0.174*** (0.004)	0.042*** (0.004)	$House\_d$	-1.222*** (0.030)	1.650*** (0.083)
Car_d	-0.026*** (0.004)	0.133*** (0.004)	Car_d	0.029*** (0.033)	0.842*** (0.052)
$Gender$	0.019*** (0.004)	0.0004 (0.003)	$Gender$	0.093*** (0.030)	0.145*** (0.046)
Age	0.015*** (0.001)	0.008*** (0.001)	Age	0.091*** (0.006)	0.042*** (0.011)
$Agesq$	-0.0002*** (7.14e-06)	-0.0001*** (6.87e-06)	$Agesq$	-0.001*** (0.0001)	-0.0004*** (0.0001)
Edu	-0.004*** (0.001)	0.019*** (0.001)	Edu	0.025*** (0.008)	0.043*** (0.013)

续表

变量	(1) 一阶段	(2) 二阶段	变量	(3) 一阶段	(4) 二阶段
Pol	−0.043*** (0.001)	−0.046*** (0.001)	*Pol*	−0.343*** (0.008)	0.376*** (0.022)
Marriage	−0.003* (0.001)	0.006*** (0.001)	*Marriage*	−0.029** (0.011)	0.121*** (0.018)
Job	0.022*** (0.004)	0.048*** (0.004)	*Job*	0.236*** (0.031)	0.132*** (0.050)
Health	−0.026 (0.001)	0.025*** (0.001)	*Health*	−0.226*** (0.012)	0.709*** (0.021)
Cons	0.068*** (0.021)	0.210*** (0.019)	*Cons*	0.730*** (0.165)	−0.604 (0.261)
F	1034.92*** (0.000)		*F*	1119.77*** (0.000)	

注：*、**、***分别表示在10%、5%、1%的显著性水平上拒绝原假设，括号内为稳健标准误。

在对社会网络影响中国家庭负债行为进行了回归分析和内生性处理后，进一步对其影响予以稳健性检验。

表 4.22 为社会网络影响中国居民家庭地位性商品购买的稳健性检验结果。由于在讨论社会网络影响家庭是否购买地位性商品时的被解释变量为虚拟变量，因此本书利用 Probit 模型对其回归结果进行稳健性检验。从第（1）列可以看出，Probit 模型的回归结果仍显著为正，因此进一步证明了社会网络提高家庭购买地位性商品的可能性。在二者间关系进行讨论之后，进一步通过替换核心解释变量进行稳健性检验。根据第（2）列的结果可以看出，核心解释变量通信费用支出的回归结果显著为正，因此说明社会网络能够促进家庭对地位性商品的购买。因此，通过替换变量与方法，验证了社会网络能够提高家庭购买地位性商品概率的稳健性。

为使分析更加全面，因此进一步从规模角度验证社会网络影响家庭地位性商品支出的稳健性。本书利用 Tobit 模型对其回归结果进行稳健性检验，从第（3）列可以看出，Tobit 模型的回归结果仍显著为正，因此进一步证明了社会网络能够提高家庭购买地位性商品的支出金额。在利用红白礼金收支金额对二者间关系进行验证之后，进一步通过替换核心解释变量进行稳健性检验，根据 F 检验结果选择面板回归的混合效应。根据第（4）列的结果可以看出，在将核心解释变量由红白礼金收支金额替换为通信费用支出金额时，显著为正的回归结果进一步证实了社会网络对家庭地位性商品购买行为的正向影响。因此，通过替换变量与方法，从规模角度验证了社会网络能够促进家庭对于地位性商品购买的稳健性，同时进一步证明了社会网络会促进家庭之间的攀比效应。

表 4.22　社会网络影响家庭地位性商品购买的稳健性检验

变量	（1） Probit	（2） Pool	（3） Tobit	（4） Pool
rww_d	0.406*** (0.013)	—	—	—
comme_d	—	0.010*** (0.002)	—	—
lgrww_s	—	—	0.145*** (0.003)	—
lgcomme_s	—	—	—	0.900*** (0.007)
Ac_d	−0.863*** (0.017)	−0.155*** (0.003)	−1.346*** (0.030)	−0.823*** (0.028)
Ic_d	0.146*** (0.020)	0.015*** (0.003)	0.187*** (0.033)	−0.043*** (0.031)
House_d	—	0.339*** (0.003)	2.343*** (0.029)	3.347*** (0.028)
Car_d	—	0.456*** (0.003)	2.179*** (0.030)	1.713*** (0.028)
Gender	0.179*** (0.016)	0.034*** (0.003)	0.116*** (0.029)	0.028 (0.027)
Age	0.074*** (0.003)	0.009*** (0.001)	0.181*** (0.006)	0.110*** (0.005)
Agesq	−0.0005*** (0.00003)	−0.0001*** (5.30e−06)	−0.001*** (0.0001)	−0.001*** (0.0001)
Edu	−0.009** (0.004)	−0.001 (0.001)	0.183*** (0.008)	0.145*** (0.007)

续表

变量	(1) Probit	(2) Pool	(3) Tobit	(4) Pool
Pol	0.524 *** (0.004)	0.106 *** (0.001)	-0.395 *** (0.008)	-0.164 *** (0.007)
Marriage	-0.010 * (0.006)	-0.003 *** (0.001)	-0.054 *** (0.011)	0.010 (0.010)
Job	0.230 *** (0.016)	0.051 *** (0.003)	-0.143 *** (0.031)	-0.109 *** (0.028)
Health	-0.155 *** (0.006)	-0.027 *** (0.001)	-0.551 *** (0.011)	-0.403 *** (0.011)
Cons	-3.446 *** (0.096)	-0.002 (0.015)	5.239 *** (0.175)	0.886 *** (0.155)
F	—	0.83 (1.000)	—	0.91 (1.000)

注：＊、＊＊、＊＊＊分别表示在10%、5%、1%的显著性水平上拒绝原假设，括号内为稳健标准误。

在完成了社会网络影响家庭地位性商品支出、家庭地位性商品支出影响家庭负债行为的稳健性检验之后，进一步对社会网络、家庭地位性商品支出与家庭负债行为进行稳健性检验。

表4.23为社会网络、家庭地位性商品支出与家庭负债行为进行稳健性检验结果。由于在讨论社会网络、家庭是否购买地位性商品与家庭金融行为时的被解释变量为虚拟变量，因此本书利用 Probit 模型对其回归结果进行稳健性检验。从第（1）列可以看出，Probit 模型的回归结果仍显著为正，且地位性商品的估计结果也显著为正，因此进一步证明了社会网络能够通过提高家庭购买地位性商品的概率，从而提高其进行负债的可能性。进一步通过替换核心解释变量进行稳健性检验，根据第（2）列的结果可以看出，核心解释变量通信费用支出的回归结果显著为正，且地位性商品的估计结果也显著为正，因此进一步证明了社会网络能够通过提高家庭购买地位性商品的概率，从而提高其进行负债的可能性。因此，通过替换变量与估计方法，验证了社会网络能够通过提高家庭购买地位性商品的概率正向影响家庭负债行为的稳健性。

为了使分析更加全面，因此进一步从规模角度验证社会网络、家庭地位性商品支出金额与家庭负债行为的稳健性。由于考虑到样本中有超过一半的家庭没有负债，家庭负债金额具有明显的截尾特点，因此进一步利用Tobit 模型进行稳健性检验。从第（3）列的结果可以看出，Tobit 模型的回归结果依然显著为正，且地位性商品的估计结果也显著为正，因此可以进一步从规模角度证明社会网络能够通过提高家庭对于地位性商品的支出而提升其负债水平。进一步通过替换核心解释变量进行稳健性检验，根据 F检验结果选择面板回归的混合效应。根据第（4）列的结果可以看出，核心解释变量通信费用支出的回归结果显著为正，且地位性商品的估计结果也显著为正，因此进一步从规模角度证明了社会网络能够通过提高家庭购买地位性商品的概率，从而提高其进行负债的可能性。因此，通过替换变量与估计方法，验证了社会网络能够通过提高家庭地位性商品支出金额正向影响家庭负债行为的稳健性。

表 4.23　社会网络、地位性商品支出与家庭负债行为的稳健性检验

变量	（1）Probit	（2）Pool	（3）Tobit	（4）Pool
rww_d	0.146 *** (0.009)	—	—	—
$comme\_d$	—	0.071 *** (0.003)	—	—
$lgrww\_s$	—	—	0.058 *** (0.005)	—
$lgcomme\_s$	—	—	—	0.042 *** (0.012)
$Status\_d$	0.155 *** (0.009)	0.082 *** (0.005)	—	—
$lgstatus\_s$	—	—	0.194 *** (0.005)	0.078 *** (0.003)
Ac_d	1.277 *** (0.013)	0.433 *** (0.004)	2.039 *** (0.043)	1.618 *** (0.039)
Ic_d	0.619 *** (0.013)	0.041 *** (0.002)	0.624 *** (0.047)	0.969 *** (0.020)
$House\_d$	0.087 *** (0.012)	0.004 (0.005)	0.532 *** (0.043)	0.865 *** (0.040)

续表

变量	(1) Probit	(2) Pool	(3) Tobit	(4) Pool
Car_d	0.393 ***	0.236 ***	0.887 ***	1.015 ***
	(0.013)	(0.004)	(0.044)	(0.038)
Gender	0.006	0.012 ***	0.177 ***	0.045
	(0.011)	(0.004)	(0.044)	(0.036)
Age	0.032 ***	0.002 ***	0.090 ***	0.020 ***
	(0.002)	(0.0007)	(0.009)	(0.007)
Agesq	−0.0005 ***	−0.007 ***	−0.002 ***	−0.036 ***
	(0.00002)	(0.0006)	(0.0001)	(0.006)
Edu	0.053 ***	0.026 ***	0.036 ***	0.048 ***
	(0.003)	(0.001)	(0.012)	(0.010)
Pol	−0.157 ***	−0.044 ***	0.146 ***	0.221 ***
	(0.003)	(0.003)	(0.012)	(0.034)
Marriage	0.018 ***	0.029 ***	0.099 ***	0.220 ***
	(0.004)	(0.004)	(0.018)	(0.034)
Job	0.106 ***	0.063 ***	0.401 ***	0.308 ***
	(0.011)	(0.004)	(0.046)	(0.038)
Health	0.078 ***	0.004 ***	0.594 ***	0.338 ***
	(0.004)	(0.001)	(0.017)	(0.014)
Cons	−0.951 ***	−0.318 ***	−20.560 ***	−19.281 ***
	(0.061)	(0.019)	(0.722)	(0.552)
F	—	0.94	—	0.99
		(1.000)		(0.872)

注：*、**、***分别表示在10%、5%、1%的显著性水平上拒绝原假设，括号内为稳健标准误。

综上所述，基于社会网络对家庭负债行为影响机理的分析，在考虑地位性商品支出的情况下，地位性商品在社会网络与家庭负债行为之间具有中介效应，即社会网络能够通过促使家庭之间的攀比效应而增加对地位性商品的购买，并进一步提升其家庭负债水平。结合中国家庭金融调查2011—2017年的非平衡面板数据，通过构建"家庭地位性商品支出"指标，利用混合效应面板回归、Probit以及Tobit等方法，从负债可能性和规模两个角度分别验证了社会网络通过地位性商品支出而对家庭负债行为产生的正向影响，进而分情况从不同角度证明了社会网络对家庭负债行为的正向促进作用。此外，考虑到我国城乡存在的二元结构特征，进一步分析了社会网络对家庭负债行为影响的城乡差异，结果显示社会网络对农村家庭购买地位性商品行为的影响大于城市家庭，即农村家庭的攀比效应大于城市家庭；社会网络对农村家庭负债行为的影响大于城市家庭，即农村家庭更容易通过攀比效应而使其负债水平提高。

2. 社会网络影响家庭民间借贷行为

（1）回归结果分析

结合社会网络对家庭民间借贷行为影响的讨论，进一步分析社会网络与家庭民间借贷行为之间的关系。基于相关计量模型的设定，需首先分析社会网络与家庭民间借入规模之间的关系。

表 4.24 为社会网络对家庭民间借入行为的影响及其城乡比较结果。其中，第（1）列为式（4.21）的回归结果，根据 F 检验结果选择面板回归的混合效应。根据第（1）列的结果可以看出，核心解释变量红白礼金收支的回归结果显著为正，因此可以说明社会网络能够促进家庭民间借入金额的提高。

关于其他控制变量，参与农业、工商业的家庭民间借入金额更高，而拥有自有房屋与车辆的家庭民间借入金额较低；户主为已婚的就业男性的家庭参与民间借贷的程度相对较高，而户主教育程度较高并且为群众或民主党派的家庭民间借入规模相对较低。此外，户主年龄的一次项回归结果显著为正，二次项显著为负，说明家庭的民间借入规模与户主年龄大致呈"倒 U 形"关系。

此外，表 4.24 中第（2）、（3）列为社会网络影响家庭民间借入行为的城乡比较结果。根据 F 检验结果选择面板回归的混合效应，此处重点分析核心解释变量家庭红白喜事礼金收支的回归结果。可以看出，城市家庭和农村家庭红白喜事礼金收支的回归结果均显著为正，因此进一步证明了社会网络能够促进家庭民间借入行为；这一影响在城乡家庭之间呈现一定的差异性，城市家庭回归结果的绝对值（0.053）小于农村家庭（0.064），因此可以说明社会网络对农村家庭民间借入行为的影响大于城市家庭。

表 4.24　社会网络影响家庭民间借入行为

变量	（1） 全部 Pool	（2） 城市 Pool	（3） 农村 Pool
lg*rww_s*	0.057***	0.053***	0.064***
	（0.003）	（0.003）	（0.006）
Ac_d	0.858***	0.779***	0.770***
	（0.031）	（0.046）	（0.057）
Ic_d	0.356***	0.273***	0.525***
	（0.014）	（0.015）	（0.034）
House_d	−0.072***	−0.046***	0.045
	（0.023）	（0.024）	（0.060）
Car_d	−0.036	−0.036***	0.029
	（0.023）	（0.024）	（0.056）
Gender	0.191***	0.173***	−0.012
	（0.029）	（0.030）	（0.077）
Age	0.052***	0.044***	0.048***
	（0.006）	（0.006）	（0.015）
Agesq	−0.001***	−0.001***	−0.001***
	（0.0001）	（0.0001）	（0.0001）
Edu	−0.156***	−0.135***	−0.095***
	（0.008）	（0.008）	（0.025）
Pol	−0.017***	0.017***	−0.056***
	（0.008）	（0.009）	（0.017）
Marriage	0.039***	0.043***	0.014
	（0.011）	（0.012）	（0.023）
Job	0.034***	0.115***	−0.209***
	（0.030）	（0.034）	（0.066）
Health	0.240***	0.188***	0.321***
	（0.011）	（0.013）	（0.022）
Cons	0.056	0.106	0.732*
	（0.158）	（0.165）	（0.421）

续表

变量	(1) 全部 Pool	(2) 城市 Pool	(3) 农村 Pool
F	1.00 (0.438)	1.01 (0.126)	1.00 (0.483)

注：*、**、***分别表示在10%、5%、1%的显著性水平上拒绝原假设，括号内为稳健标准误。

从债务人视角分析了社会网络对家庭民间借入行为的影响之后，进一步分析了社会网络、借款回收率与家庭民间借出行为之间的关系。

表4.25为社会网络对家庭借款回收率影响的回归结果，此处重点分析核心解释变量社会网络的回归结果。在表4.25中第（1）列与第（2）列为式（4.23）的回归结果，根据F检验结果选择面板回归的混合效应。根据第（1）列的结果可以看出，核心解释变量红白喜事礼金收支金额的回归结果显著为正，因此可以说明社会网络能够提高家庭借款回收率。在利用红白礼金收支金额对二者间关系进行验证之后，进一步通过替换核心解释变量进行稳健性检验，根据F检验结果选择面板回归的混合效应。根据第（2）列的结果可以看出，在将核心解释变量由红白礼金收支金额替换为节假日收支金额时，显著为正的回归结果进一步证实了社会网络对家庭借款回收率的正向影响。因此，通过替换变量验证了社会网络能够提高债权人家庭的借款回收率。

表4.25　社会网络影响家庭借款回收率

变量	(1) Pool	(2) Pool
lgrww_s	0.0007** (0.00004)	—
lghav_s	—	0.0001*** (0.00004)
Ac_d	0.002*** (0.0004)	0.002*** (0.0004)
Ic_d	0.003*** (0.0004)	0.003*** (0.0004)

续表

变量	(1) Pool	(2) Pool
House_d	0.005*** (0.0004)	0.005*** (0.0004)
Car_d	−0.0003 (0.0004)	−0.0001 (0.0004)
Gender	0.0005 (0.0004)	0.0005 (0.0004)
Age	−0.001*** (0.00008)	−0.001*** (0.0001)
Agesq	5.05e−06*** (7.21e−07)	4.91e−06*** (7.19e−07)
Edu	0.0002* (0.0001)	0.0002 (0.0001)
Pol	0.001*** (0.0001)	0.001*** (0.0001)
Marriage	−0.0001 (0.0001)	−0.0001 (0.0001)
Job	−0.0002 (0.0004)	−0.00002*** (0.0004)
Health	−0.0004*** (0.0001)	−0.0004*** (0.0001)
Cons	0.019*** (0.002)	0.017*** (0.002)
F	0.74 (1.000)	0.74 (1.000)

注：*、**、***分别表示在10%、5%、1%的显著性水平上拒绝原假设，括号内为稳健标准误。

在分析了社会网络与家庭借款回收率之后，进一步考察家庭借款回收率对家庭民间借出行为的影响。

表4.26为家庭借款回收率对家庭民间借出金额影响的回归结果，此处重点分析核心解释变量家庭借款回收率的回归结果。在表4.26中第（1）列与第（2）列为式（4.24）的回归结果，根据F检验与豪斯曼检验结果选

择面板回归的固定效应。根据第（1）列的结果可以看出，核心解释变量家庭借款回收率的回归结果显著为正，因此可以说明借款回收率的提高能够促进家庭向外借款。由于超过一半的家庭并未向外借款，家庭民间借出金额具有明显的截尾特征，因此利用 Tobit 模型对第（1）列的结果进行稳健性检验。从第（2）列的结果可以看出，Tobit 模型的回归结果仍显著为正，因此进一步证明了借款回收率的提高能够促进家庭民间借出规模。因此，通过替换方法验证了借款回收率对家庭借出金额的正向影响。

表 4.26 家庭借款回收率影响家庭民间借出金额

变量	（1） Fe	（2） Tobit
Roa	10. 396 ***	3. 302 ***
	（0. 269）	（0. 115）
Ac_d	−0. 306 ***	−0. 234 ***
	（0. 035）	（0. 024）
Ic_d	0. 901 ***	0. 538 ***
	（0. 038）	（0. 022）
House_d	−0. 440 ***	−0. 279 ***
	（0. 032）	（0. 022）
Car_d	0. 908 ***	0. 509 ***
	（0. 034）	（0. 020）
Gender	0. 266 ***	0. 231 ***
	（0. 033）	（0. 023）
Age	−0. 020 ***	0. 004
	（0. 007）	（0. 004）
Agesq	−6. 21e−06 ***	−0. 0003 ***
	（0. 0001）	（0. 00005）
Edu	0. 079 ***	0. 068 ***
	（0. 009）	（0. 006）
Pol	0. 127 ***	0. 082 ***
	（0. 008）	（0. 006）
Marriage	0. 035 ***	0. 011
	（0. 013）	（0. 010）

续表

变量	(1) Fe	(2) Tobit
Job	0.172*** (0.035)	0.142*** (0.025)
Health	−0.193*** (0.013)	−0.187*** (0.009)
Cons	1.629*** (0.184)	−17.649*** (1.149)
F	1.04*** (0.000)	—
Hausman Test	119.05*** (0.000)	—

注：*、**、***分别表示在10%、5%、1%的显著性水平上拒绝原假设，括号内为稳健标准误。

在分析了借款回收率与家庭民间借出金额之后，进一步考察社会网络、家庭借款回收率对家庭民间借出行为的影响。

表4.27为社会网络、借款回收率与家庭民间借出行为及其城乡比较的估计结果，其中第（1）列为式（4.25）的回归结果，根据F检验与豪斯曼检验结果选择面板回归的固定效应。从第（1）列的结果可以看出，核心解释变量、社会网络与家庭借款回收率的回归结果显著为正，因此可以证明社会网络能够通过提高家庭借款回收率而促进其向外借款。

关于其他控制变量，参与工商业经营以及具有房屋和汽车的家庭更倾向于向外提供借款，而没有自有房屋的家庭则相反；户主为已婚的健康男性且有工作的家庭民间借出金额水平相对较高，并且户主教育程度的提升对于家庭民间借出水平具有正向促进作用。

此外，表4.27中第（2）、（3）列为社会网络、借款回收率与家庭民间借出的城乡比较结果。根据F检验与豪斯曼结果选择面板回归的固定效应。可以看出，城市家庭和农村家庭红白礼金收支金额的回归结果均显著为正，因此进一步证明了社会网络对家庭民间借出行为的正向影响；这一影响在城乡家庭之间呈现出一定的差异性，城市家庭回归结果的绝对值（0.083）大于农村家庭（0.060），因此可以说明社会网络对城市家庭民间借出行为的影响大于农村家庭。

表 4.27　社会网络、借款回收率与家庭民间借出行为

变量	（1）全部 Fe	（2）城市 Fe	（3）农村 Fe
lgrww_s	0.080 ***	0.083 ***	0.060 ***
	（0.003）	（0.358）	（0.008）
Roa	10.358 ***	10.111 ***	10.028
	（0.268）	（0.358）	（0.653）
Ac_d	−0.301 ***	−0.270 ***	−0.357 ***
	（0.034）	（0.068）	（0.068）
Ic_d	0.881 ***	0.887 ***	0.964 ***
	（0.038）	（0.052）	（0.102）
House_d	0.881 ***	−0.411 ***	−0.271 ***
	（−0.355）	（0.045）	（0.080）
Car_d	0.848 ***	0.870 ***	0.760 ***
	（0.034）	（0.046）	（0.098）
Gender	0.848 ***	0.281 ***	0.206 **
	（0.034）	（0.044）	（0.102）
Age	−0.032 ***	−0.046 ***	−0.0001
	（0.007）	（0.009）	（0.020）
Agesq	0.0001 *	0.0002 ***	−0.0002
	（0.00001）	（0.00008）	（0.0002）
Edu	0.075 ***	0.071 ***	0.173 ***
	（0.009）	（0.012）	（0.033）
Pol	0.164 ***	0.191 ***	0.135 ***
	（0.008）	（0.012）	（0.019）
Marriage	0.039 ***	0.059 ***	0.023
	（0.013）	（0.018）	（0.031）
Job	0.147 ***	0.137 ***	0.141
	（0.035）	（0.051）	（0.090）
Health	−0.162 ***	−0.167 ***	−0.120 ***
	（0.013）	（0.019）	（0.029）
Cons	1.500 ***	1.776 ***	0.468 ***
	（0.183）	（0.247）	（0.558）

续表

变量	(1) 全部 Fe	(2) 城市 Fe	(3) 农村 Fe
F	1.04*** (0.000)	1.04*** (0.000)	1.05*** (0.008)
Hausman Test	124.01*** (0.000)	70.27*** (0.000)	20.56* (0.082)

注：*、**、***分别表示在 10%、5%、1%的显著性水平上拒绝原假设，括号内为稳健标准误。

（2）内生性处理与稳健性检验

表 4.24 和表 4.27 中的结果表明，社会网络对家庭民间借入行为和借出行为均存在显著的正向促进作用，但二者间的关系仍存在内生性问题的可能性。为了克服社会网络与家庭民间借贷行为回归方程中的内生性问题，进一步识别社会网络与家庭民间借贷行为之间的因果关系，本书同样尝试将通信费用支出金额作为工具变量，并利用工具变量的两阶段回归进行内生性估计。

表 4.28 为社会网络与家庭民间借贷行为的内生性估计结果，其中第（1）列与第（2）列为社会网络与家庭民间借入的内生性估计，第（3）列与第（4）列为社会网络与家庭民间借出的内生性估计。根据表 4.28 中第（1）列与第（2）列的回归结果，在第一阶段工具变量家庭通信费用支出的系数为正且在 1%的显著性水平上拒绝原假设，其 F 统计量为 1093.52，大于 10 的经验值，因此可以拒绝弱工具变量的假设；二阶段的回归结果显示，通过引入工具变量的方式调整社会网络在家庭民间借入行为方程中的内生性后，社会网络的估计系数同样为正并且通过了显著性检验，证实了社会网络对家庭民间借入行为的正向影响。根据表 4.28 中第（3）列与第（4）列的回归结果，在第一阶段工具变量家庭通信费用支出金额的系数为正且在 1%的显著性水平上拒绝原假设，其 F 统计量为 996.21，显著大于 10 的经验值，因此可以拒绝弱工具变量的假设；二阶段的回归结果显示，通过引入工具变量的方式调整社会网络在家庭民间借出行为方程中的内生性后，社会网络的估计系数同样为正并且通过了显著性检验，证实了社会网络对家庭民间借出行为的正向影响。

表 4.28　社会网络与家庭民间借贷行为的内生性处理

变量	（1）一阶段	（2）二阶段	变量	（3）一阶段	（4）二阶段
lgrww_s	—	0.173 *** (0.020)	lgrww_s	—	0.476 *** (0.017)
lgcomme_s	0.417 *** (0.009)	—	lgcomme_s	0.464 *** (0.008)	—
Ac_d	0.442 *** (0.033)	0.818 *** (0.032)	Ac_d	0.341 *** (0.033)	−0.262 *** (0.030)
Ic_d	0.276 *** (0.017)	0.284 *** (0.019)	Ic_d	0.089 ** (0.035)	0.805 *** (0.033)
House_d	−0.222 *** (0.025)	−0.025 (0.025)	House_d	−0.352 *** (0.033)	0.141 *** (0.033)
Car_d	0.264 *** (0.025)	−0.088 *** (0.025)	Car_d	0.384 *** (0.032)	0.541 *** (0.031)
Gender	0.081 *** (0.031)	0.180 *** (0.029)	Gender	0.104 *** (0.031)	0.191 *** (0.029)
Age	0.097 *** (0.006)	0.036 *** (0.006)	Age	0.096 *** (0.006)	−0.097 *** (0.006)
Agesq	−0.001 *** (0.0001)	−0.001 *** (0.0001)	Agesq	−0.0009 *** (0.00006)	0.0007 *** (0.00006)
Edu	0.056 *** (0.008)	−0.168 *** (0.008)	Edu	0.044 *** (0.008)	0.051 *** (0.008)
Pol	−0.365 *** (0.009)	0.048 *** (0.014)	Pol	−0.301 *** (0.008)	0.295 *** (0.010)
Marriage	−0.130 (0.012)	0.045 *** (0.011)	Marriage	−0.007 (0.012)	0.054 *** (0.011)
Job	0.021 *** (0.032)	0.015 (0.030)	Job	0.242 *** (0.032)	0.046 (0.030)
Health	−0.202 *** (0.012)	0.270 *** (0.013)	Health	0.242 *** (0.032)	−0.037 *** (0.012)
Cons	−0.663 *** (0.176)	−0.122 (0.162)	Cons	−0.935 *** (0.175)	1.079 *** (0.159)

变量	(1) 一阶段	(2) 二阶段	变量	(3) 一阶段	(4) 二阶段
F	1093.52***		F	996.21***	
	(0.000)			(0.000)	

注：*、**、***分别表示在10%、5%、1%的显著性水平上拒绝原假设，括号内为稳健标准误。

在对社会网络影响家庭民间借贷行为进行了内生性处理之后，进一步对其影响进行稳健性检验。表4.29为社会网络影响家庭民间借贷行为的稳健性检验，其中第（1）、第（2）列为社会网络影响家庭民间借入行为的稳健性检验。由于大约一半家庭没有民间借贷，家庭民间借贷金额具有明显的截尾特征，因此利用Tobit模型对其结果进行稳健性检验。从第（1）列结果可以看出，Tobit模型的回归结果仍显著为正，因此进一步证明了社会网络正向影响家庭民间借入行为。在二者间关系进行讨论之后，进一步通过替换核心解释变量进行稳健性检验，根据F检验的结果选择面板混合效应回归。从第（2）列的结果可以看出，核心解释变量节假日收支的回归结果显著为正，因此说明社会网络能够促进家庭民间借入金额的提高。因此，通过替换变量与估计方法，验证了社会网络能够提高家庭民间借入规模的稳健性。

在进行了社会网络影响家庭民间借入行为的稳健性检验之后，需进一步对社会网络影响家庭民间借出行为的稳健性进行检验。基于前文的估计结果，社会网络影响家庭借款回收率、家庭借款回收率影响家庭民间借出行为的稳健性检验已在表4.25和表4.26中给出。根据表4.25中的结果，在利用红白礼金收支金额对二者间关系进行验证之后，进一步通过替换核心解释变量进行稳健性检验，根据F检验结果选择面板回归的混合效应。根据第（2）列的结果可以看出，在将核心解释变量由红白礼金收支金额替换为节假日收支金额时，显著为正的回归结果进一步证实了社会网络对家庭借款回收率的正向影响。因此，通过替换变量验证了社会网络能够提高债权人家庭借款回收率的稳健性。根据表4.26中的结果，由于超过一半的家庭并未向外借款，家庭民间借出金额具有明显的截尾特征，因此利用Tobit模型对第（1）列的结果进行稳健性检验。从第（2）列的结果可以看出，Tobit模型的回归结果仍显著为正，因此进一步证明了借款回收率的提高能够正向影响家庭民间借出规模。因此，通过替换方法验证了借款回收率对家庭借出金额的正向影响。

在分别检验了社会网络影响家庭借款回收率、家庭借款回收率影响家庭民间借出行为的稳健性之后，最后对社会网络、家庭借款回收率与家庭民间借出行为的稳健性进行检验。表 4.29 中第（3）、第（4）列为社会网络、家庭借款回收率与家庭民间借出行为的稳健性检验结果。由于考虑到样本中有超过一半的家庭没有向外借款，家庭民间借出金额具有明显的截尾特点，因此进一步利用 Tobit 模型进行稳健性检验。从表 4.29 中第（3）列的结果可以看出，Tobit 模型的回归结果依然显著为正，可以进一步证明社会网络能够通过提高家庭借款回收率而促进其向外借款。此外，从表 4.29 中第（4）列的结果可以看出，将核心解释变量由红白礼金收支替换为节假日收支后仍呈现同样的结果。因此，通过替换变量与估计方法，验证了社会网络能够通过提高家庭借款回收率而促进其向外借款的稳定性，即验证了借款回收率在社会网络与家庭民间借出行为之间的中介效应，并最终从债权、债务两个角度验证了社会网络对家庭民间借贷行为的正向促进作用。

表 4.29　社会网络影响家庭民间借贷行为的稳健性检验

变量	(1) Tobit	(2) Pool	(3) Tobit	(4) Fe
lgrww_s	0.047*** (0.003)	—	0.066*** (0.002)	—
lghav_s	—	0.029*** (0.003)	—	0.079*** (0.268)
Roa	—	—	3.268*** (0.113)	10.347*** (0.268)
Ac_d	0.666*** (0.025)	0.887*** (0.031)	-0.236*** (0.024)	-0.261*** (0.034)
Ic_d	0.317*** (0.013)	0.380*** (0.014)	-0.522*** (0.021)	0.870*** (0.038)
House_d	-0.027*** (0.021)	-0.095*** (0.023)	-0.217*** (0.022)	-0.417*** (0.032)
Car_d	-0.048 (0.020)	-0.028 (0.023)	0.460*** (0.020)	0.839*** (0.034)

续表

变量	(1) Tobit	(2) Pool	(3) Tobit	(4) Fe
Gender	0.170*** (0.026)	0.200*** (0.029)	0.218*** (0.022)	0.273*** (0.033)
Age	0.067*** (0.005)	0.061*** (0.006)	-0.004 (0.004)	-0.018*** (0.007)
Agesq	-0.001*** (0.0001)	-0.001*** (0.0001)	-0.0002*** (0.0005)	-0.00003 (0.00006)
Edu	-0.163*** (0.007)	-0.160*** (0.008)	0.063*** (0.006)	0.059*** (0.009)
Pol	-0.016** (0.007)	-0.043*** (0.008)	0.110* (0.006)	0.136*** (0.008)
Marriage	0.033*** (0.010)	0.038*** (0.011)	0.012 (0.010)	0.038*** (0.013)
Job	0.106*** (0.026)	0.040 (0.030)	0.127*** (0.025)	0.157*** (0.035)
Health	0.212*** (0.010)	0.233*** (0.011)	-0.168*** (0.009)	-0.163*** (0.013)
Cons	-33.441*** (1.336)	0.008 (0.159)	-18.876*** (1.147)	1.269*** (0.183)
F	—	1.00 (0.565)	—	1.04*** (0.000)
Hausman Test	—	—	—	116.29*** (0.000)

注：*、**、***分别表示在10%、5%、1%的显著性水平上拒绝原假设，括号内为稳健标准误。

综上所述，结合社会网络对家庭民间借贷行为影响的分析，从债权、债务两个角度分析了社会网络通过提供隐性担保对家庭民间借贷行为的正向影响，即社会网络在促进家庭民间借入的同时，能够通过提高借款回收率从而促进家庭向外借款，即借款回收率在社会网络与家庭民间借出行为之间存在中介效应。结合中国家庭金融调查 2011—2017 年的非平衡面板数据，利用面板回归、Tobit 等方法，从债务人角度验证了社会网络对家庭民间借人行为产生的正向影响，以及通过构建"家庭借款回收率"指标，从债权人的角度验证了社会网络正向影响家庭民间借出行为的中介效应，分情况从不同角度证明了社会网络对家庭民间借贷行为的正向促进作用。此外，考虑到我国城乡存在的二元结构特征，进一步分析了社会网络对家庭民间借贷行为影响的城乡差异，结果显示社会网络对农村家庭民间借入行为的影响大于城市家庭，而社会网络对农村家庭民间借出行为的影响小于城市家庭。

第5章　社会网络视角下中国居民家庭
金融行为影响收入差距的实证研究

在实证分析了社会网络对中国居民家庭金融行为的影响之后，进一步对社会网络视角下中国居民家庭金融行为对收入差距的影响进行实证分析。

5.1　中国居民家庭金融行为影响收入差距
直接效应的实证研究

结合社会网络视角下中国居民家庭金融行为影响收入差距的机理分析，首先对中国居民家庭金融行为影响收入差距的直接效应予以实证检验。

5.1.1　数据来源

探讨中国居民家庭金融行为与收入差距的关系同样涉及家庭部门，综合考虑符合本书研究主题的数据应包含家庭金融行为以及家庭收入水平等信息，因此本书继续选择西南财经大学的中国家庭金融调查数据库（CHFS）作为本书实证研究的数据来源。

中国家庭金融调查 2011 年、2013 年、2015 年和 2017 年四个年度的数据共包含 113879 户家庭，为避免异常值对实验结果的影响，本书剔除了反映社会网络信息和户主信息缺失的样本，同时将户主年龄小于 18 周岁、大于 80 周岁、总资产为 0 的家庭剔除，最后剩余 103345 户家庭。此外，为避免极端值与缺失值对实验结果的影响，本书将明显不符合常规的极端值予以剔除，并且 CHFS 对部分存在缺失值的变量进行了插值处理，本书使用的为插值处理后的数据。

5.1.2　指标选取

1. 家庭金融行为

基于家庭金融行为对收入差距影响机理的讨论，即城乡家庭金融行为的差异是影响收入差距的原因之一，结合前文关于家庭金融行为差异的变量设定，理应选择城乡家庭资产负债率之差，但囿于样本中城市家庭数量与农村家庭数量并不相等，因此参考收入差距的计量方法，构造各个省、自治区、直辖市城乡家庭资产负债率的组间泰尔指数，以考察城乡家庭金融行为间的差异。

2. 收入差距

本书将收入差距设定为城乡家庭收入差距，同时根据城乡家庭的收入水平，计算出各个省、自治区、直辖市的组间泰尔指数，以考察城乡家庭的收入差距。

3. 其他控制变量

考虑到城乡家庭资产负债率差异的影响因素，结合既有数据，构造各个省、自治区、直辖市城乡家庭户主教育程度、婚姻状况、健康状况以及年龄的组间泰尔指数，并将其作为控制变量引入家庭金融行为与收入差距的计量经济学模型中。

5.1.3 实证模型设定

结合家庭金融行为对收入差距的影响机理以及相关指标的选取，即城乡家庭金融行为的差异是影响收入差距的原因之一，故设定以下实证模型：

$$Theil = C + \alpha Talr_{it} + \beta X_{it} + \varepsilon_{it} \tag{5.1}$$

式（5.1）考察家庭金融行为对收入差距的影响，其中 $Theil$ 为城乡家庭收入水平的组间泰尔指数，即城乡收入差距，C 为常数项，$Talr$ 为城乡家庭金融行为的组间泰尔指数，X 表示其他控制变量，ε 为扰动项。

表 5.1 反映了主要变量的描述性统计结果与说明。

表 5.1　主要变量的描述性统计与说明

名称	符号	均值	标准差	最小值	最大值	定义
收入差距	$Theil$	0.039	0.026	0	0.138	城乡家庭收入水平的组间泰尔指数
家庭金融行为	$Talr$	0.093	0.143	0	0.850	城乡家庭资产负债率的组间泰尔指数
文化程度	$Tedu$	0.016	0.010	0	0.059	城乡家庭户主学历的组间泰尔指数

名称	符号	均值	标准差	最小值	最大值	定义
婚姻状况	*Tmar*	0.0003	0.0005	0	0.003	城乡家庭户主婚姻的组间泰尔指数
身体情况	*Theal*	0.001	0.001	0	0.005	城乡家庭户主健康的组间泰尔指数
年龄	*Tage*	0.001	0.003	0	0.032	城乡家庭户主年龄的组间泰尔指数

注：表中结果为小数点后保留 3 位有效数字。

5.1.4　实证结果分析

1. 回归结果分析

结合家庭金融行为对收入差距影响的讨论，以及相关计量模型的设定，需分析城乡家庭金融行为差异与城乡家庭收入差距之间的关系。

表 5.2 为中国居民家庭金融行为对收入差距的影响结果，根据 F 检验结果选择面板回归的混合效应。可以看出，核心解释变量家庭金融行为的回归结果显著为正，因此说明家庭金融行为是收入差距的影响因素，并且城乡家庭金融行为差异的扩大会造成城乡家庭收入差距的扩大。关于其他控制变量，除婚姻状况的回归结果为负，其余变量的回归结果均为正，说明城乡家庭户主教育、健康、年龄差异的扩大会造成城乡家庭收入差距的扩大。

表 5.2　中国居民家庭金融行为影响收入差距

变量	Pool
Talr	0.009 ***
	(0.0004)
Tedu	1.301 ***
	(0.006)
Tmar	−2.323 ***
	(0.108)
Theal	7.212 ***
	(0.056)

续表

变量	Pool
Tage	0.881 ***
	(0.019)
Cons	0.007 ***
	(0.0001)
F	0.95
	(1.000)

注：*、**、***分别表示在10%、5%、1%的显著性水平上拒绝原假设，括号内为稳健标准误。

2. 内生性处理

表5.2中的结果表明，城乡家庭金融行为的差异对城乡家庭收入差距存在显著的正向促进作用，但二者间的关系仍需进一步讨论，原因在于城乡家庭收入差距的扩大也可能会导致城乡家庭金融行为存在差异。为克服家庭金融行为与收入差距因互为因果而导致的内生性问题，进一步识别城乡家庭金融行为差异与收入差距之间的因果关系，本书尝试将城乡家庭金融行为组间泰尔指数的滞后二期作为工具变量，并利用工具变量的两阶段回归进行内生性估计，具体结果如表5.3所示。根据表5.3中的估计结果，第一阶段工具变量F统计量为146.56，大于10的经验值，因此可以拒绝弱工具变量的假设；二阶段的回归结果显示，通过引入工具变量的方式调整家庭金融行为在收入差距方程中的内生性后，家庭金融行为的估计系数同样为正并且通过了显著性检验，证实了城乡家庭金融行为差异对收入差距的正向影响。

表5.3 中国居民家庭金融行为影响收入差距的内生性处理

变量	(1) 一阶段	(2) 二阶段
Talr	—	0.183 ***
		(0.039)
L2. *Talr*	0.016 ***	—
	(0.003)	
Tedu	1.657 ***	1.120 ***
	(0.085)	(0.068)

续表

变量	(1) 一阶段	(2) 二阶段
Tmar	-6.797*** (0.241)	-4.625*** (0.762)
Theal	6.348*** (0.628)	7.175*** (0.295)
Tage	1.935*** (0.142)	0.880*** (0.082)
Cons	0.116*** (0.001)	-0.008* (0.004)
F	146.56*** (0.000)	—

注：*、**、***分别表示在10%、5%、1%的显著性水平上拒绝原假设，括号内为稳健标准误。

综上所述，基于家庭金融行为对收入差距影响机理的分析，城乡家庭金融行为差异是城乡家庭收入差距的影响因素，并且城乡家庭金融行为差异的扩大会造成收入差距的扩大。结合中国家庭金融调查2011—2017年的非平衡面板数据，利用面板回归、两阶段最小二乘法等方法，通过构造"城乡家庭资产负债率的组间泰尔指数"，验证了城乡家庭金融行为差异正向影响收入差距的直接效应。

5.2 社会网络视角下中国居民家庭金融行为影响收入差距调节效应的实证研究

在实证分析了中国居民家庭金融行为影响收入差距的直接效应之后，进一步分析社会网络视角下中国居民家庭金融行为影响收入差距的调节效应。

5.2.1 数据来源

探讨社会网络视角下中国居民家庭金融行为对收入差距的影响同样涉及家庭部门，综合考虑符合本书研究主题的数据应包含社会网络、家庭金融行为以及收入差距三者的综合信息，因此本书继续选择西南财经大学的中国家庭金融调查数据库作为本书实证研究的数据来源。

5.2.2 指标选取

1. 社会网络

结合社会网络指标衡量的设定，即从网络本身的功能以及社会行为的角度对社会网络予以度量，进一步结合既有社会网络的相关研究，本书尝试利用"节假日支出金额"衡量社会网络，原因在于考虑到处于较大网络规模内的群体倾向于在节假日与亲戚朋友联系，而在节假日的交往过程中会产生节假日支出费用。此外，考虑到日常生活中社会互动频繁的群体倾向于与亲戚朋友一起旅游和探亲，因此利用"旅游和探亲支出"作稳健性检验，同时为减少异方差对回归结果的影响，对二者进行对数化处理。

2. 家庭金融行为

基于家庭金融行为对收入差距影响机理的讨论，即城乡家庭金融行为的差异是影响收入差距的原因之一，结合前文关于家庭金融行为差异的变量设定，理应选择城乡家庭资产负债率之差，但囿于样本中城市家庭数量与农村家庭数量并不相等，因此参考收入差距的计量方法，构造各个省、自治区、直辖市城乡家庭资产负债率的组间泰尔指数，以考察城乡家庭金融行为间的差异。

3. 收入差距

本书将收入差距设定为城乡家庭收入差距，同时根据城乡家庭的收入水平，计算出各个省、自治区、直辖市的组间泰尔指数，以考察城乡家庭的收入差距。

4. 其他控制变量

考虑到城乡家庭资产负债率差异的影响因素，结合既有数据，构造各个省、自治区、直辖市城乡家庭户主教育程度、婚姻状况、健康状况以及年龄的组间泰尔指数，并将其作为控制变量引入家庭金融行为与收入差距的计量经济学模型中。

5.2.3 实证模型设定

结合社会网络影响家庭金融行为及其对收入差距影响机理的分析与猜想，以及相关指标的选取，即社会网络会扩大城乡家庭金融行为的差异，并且会扩大城乡家庭金融行为差异对收入差距的正向影响，故设定以下实证模型：

$$Talr = C + \alpha lghave\_s_{it}(lgtave\_s_{it}) + \beta X_{it} + \varepsilon_{it} \qquad (5.2)$$

$$Theil = C + \alpha talr_{it} + \beta lghave\_s_{it}(lgtave\_s_{it}) + \gamma \beta lghave\_s_{it}(lgtave\_s_{it})$$
$$\times talr_{it} + \delta X_{it} + \varepsilon_{it} \qquad (5.3)$$

式（5.2）考察社会网络对城乡家庭金融行为差异的影响，其中 $lghave\_s$ 与 $lgtave\_s$ 分别为节假日支出金额与旅游探亲支出金额的对数。式（5.3）考察社会网络视角下家庭金融行为对收入差距的影响，基于社会网络视角下家庭金融行为对收入差距影响的理论猜想，即社会网络在家庭金融行为与收入差距之间具有调节效应，因此结合调节效应的检验方法，尝试引入社会网络与家庭金融行为的交互项。其余变量的含义与式（5.1）中的相同。

表 5.4 反映了主要变量的描述性统计结果与说明。

表5.4　主要变量的描述性统计与说明

名称	符号	均值	标准差	最小值	最大值	定义
收入差距	$Theil$	0.039	0.026	0	0.137	城乡家庭收入水平的组间泰尔指数
社会网络	$lghave\_s$	3.881	3.641	0	13.017	节假日支出金额
	$lgtave\_s$	2.105	3.595	0	13.816	旅游探亲支出金额
家庭金融行为	$Talr$	0.093	0.143	0	0.850	城乡家庭资产负债率的组间泰尔指数
文化程度	$Tedu$	0.016	0.010	0	0.059	城乡家庭户主学历的组间泰尔指数
婚姻状况	$Tmar$	0.0003	0.0005	0	0.003	城乡家庭户主婚姻的组间泰尔指数
身体情况	$Theal$	0.001	0.001	0	0.005	城乡家庭户主健康的组间泰尔指数
年龄	$Tage$	0.001	0.028	0	0.032	城乡家庭户主年龄的组间泰尔指数

注：表中结果为小数点后保留3位有效数字。

5.2.4　实证结果分析

1. 回归结果分析

结合社会网络视角下家庭金融行为对收入差距影响的分析与猜想，以及相关计量模型的设定，需分析社会网络对城乡家庭金融行为差异的影响，以及社会网络视角下中国居民家庭金融行为对收入差距之间的影响。

表5.5为社会网络对中国居民城乡家庭金融行为差异的影响结果，其中，表5.5中第（1）列为式（5.2）的回归结果，根据F检验结果选择面板回归的混合效应。根据第（1）列的结果可以看出，核心解释变量节假日支出金额的回归结果显著为正，因此可以说明社会网络能够扩大城乡家庭金融行为差异，验证了前文提出的猜想1。根据表5.5中第（2）列的结果可以看出，将核心解释变量替换为旅游探亲支出金额的回归结果仍显著为正，因此证明了社会网络能够扩大城乡家庭金融行为差异的稳健性。

表5.5 社会网络对中国居民城乡家庭金融行为差异的影响

变量	(1) Pool	(2) Pool
lg$have\_s$	0.0005 *** (0.0001)	—
lg$tave\_s$	—	0.0005 *** (0.0002)
$Tedu$	−1.306 *** (0.049)	−1.305 *** (0.063)
$Tmar$	19.854 *** (0.854)	27.126 *** (1.038)
$Theal$	25.965 *** (0.443)	24.939 *** (0.572)
$Tage$	−1.311 *** (0.150)	0.170 (0.205)
$Cons$	0.072 *** (0.001)	0.070 *** (0.001)
F	0.79 (1.000)	0.79 (1.000)

注：*、**、***分别表示在10%、5%、1%的显著性水平上拒绝原假设，括号内为稳健标准误。

在分析了社会网络对中国居民城乡家庭金融行为差异的影响之后，需进一步验证前文关于社会网络视角下家庭金融行为对收入差距的影响。

表5.6为社会网络视角下中国居民家庭金融行为对收入差距的影响结果，其中第（1）列为节假日支出金额的回归结果，重点关注交互项 a 的符

号，可以看出交互项 a 的符号显著为正，因此可以说明社会网络能够促进家庭金融行为对收入差距的影响。表 5.6 中第（2）列为旅游探亲支出金额的回归结果，重点关注交互项 b 的符号，可以看出交互项 b 的符号显著为正，因此大体上可以进一步说明社会网络能够促进家庭金融行为对收入差距的影响，证明了前文提出的猜想 2。

表 5.6　社会网络视角下中国居民家庭金融行为对收入差距的影响

变量	（1）Pool	（2）Pool
lghave_s	-0.0002^{***} (0.00002)	—
a	0.0005^{***} (0.0001)	—
lgtave_s	—	-0.0002^{***} (0.00002)
b	—	0.003^{***} (0.0001)
Talr	0.007^{***} (0.001)	0.003^{***} (0.0004)
Tedu	1.297^{***} (0.006)	1.308^{***} (0.006)
Tmar	-2.345^{***} (0.108)	-2.434^{***} (0.107)
Theal	7.195^{***} (0.056)	7.064^{***} (0.057)
Tage	0.886^{***} (0.019)	0.868^{***} (0.019)
Cons	0.008^{***} (0.0001)	0.008^{***} (0.0001)
F	0.96 (1.000)	0.95 (1.000)

注：*、**、***分别表示在10%、5%、1%的显著性水平上拒绝原假设，括号内为稳健标准误。

2. 内生性处理与稳健性检验

表 5.5 中的结果表明，社会网络能够扩大城乡家庭金融行为差异，但二者间的关系仍存在内生性问题的可能。为克服社会网络与城乡家庭金融行为差异的内生性问题，进一步识别社会网络与城乡家庭金融行为差异的因果关系，本书尝试将家庭红白礼金收支金额作为工具变量，并利用工具变量的两阶段回归进行内生性估计，具体结果如表 5.7 所示。根据表 5.7 中的回归结果，一阶段工具变量 F 统计量为 1328.39，大于 10 的经验值，因此可以拒绝弱工具变量的假设；二阶段的回归结果显示，通过引入工具变量的方式调整社会网络在城乡家庭金融行为差异中的内生性后，社会网络的估计系数同样为正并且通过了显著性检验。将节假日支出替换为旅游探亲支出后，表 5.7 中第（3）、第（4）列的结果与第（1）、第（2）列的结果具有一致性，因此证实了社会网络对城乡家庭金融行为差异的正向影响。

表 5.7　社会网络影响中国居民城乡家庭金融行为差异的内生性处理

变量	（1）一阶段	（2）二阶段	变量	（3）一阶段	（4）二阶段
lgrwwe_s	0.230 *** (0.003)	—	lgrwwe_s	0.223 *** (0.003)	—
lghave_s	—	0.001 ** (0.0006)	lgtave_s	—	0.001 *** (0.0006)
Tedu	-1.254 *** (0.050)	-0.864 *** (0.058)	Tedu	-0.999 *** (0.080)	-0.865 *** (0.058)
Tmar	19.949 *** (0.856)	12.552 *** (0.979)	Tmar	22.643 *** (1.057)	12.736 *** (0.986)
Theal	26.063 *** (0.444)	21.67 *** (0.508)	Theal	28.408 *** (0.665)	21.824 *** (0.517)
Tage	-1.384 *** (0.151)	-1.084 *** (0.173)	Tage	-1.302 *** (0.160)	-1.047 *** (0.172)
Cons	3.663 *** (0.025)	0.075 *** (0.003)	Cons	0.033 *** (0.008)	0.077 *** (0.002)
F	1328.39 *** (0.000)		F	1407.30 *** (0.000)	

注：*、**、***分别表示在10%、5%、1%的显著性水平上拒绝原假设，括号内为稳健标准误。

在对社会网络影响中国居民家庭金融行为差异进行内生性处理后，进一步对社会网络视角下中国居民家庭金融行为影响收入差距进行内生性处理。选择城乡家庭金融行为组间泰尔指数的滞后二期作为家庭金融行为的工具变量，并将节假日支出、旅游探亲支出与家庭金融行为组间泰尔指数滞后二期的交互项作为原交互项 a 和 b 的工具变量以对交互项进行内生性处理，具体表示为 a' 和 b'。

表 5.8 为社会网络视角下中国居民家庭金融行为影响收入差距的内生性处理结果，从表 5.8 中第（1）、第（2）列可以看出，当利用节假日支出衡量社会网络时，一阶段工具变量 F 统计量为 1791.18，大于 10 的经验值，因此可以拒绝弱工具变量的假设；二阶段的回归结果显示，通过引入工具变量的方式调整社会网络视角下城乡家庭金融行为差异与收入差距的内生性后，交互项估计系数同样为正且通过了显著性检验，并且节假日支出与城乡家庭金融行为差异的符号与原估计结果相一致且显著性较高，因此可以证实社会网络在中国居民家庭金融行为对收入差距的正向影响中具有正向调节效应。将节假日支出替换为旅游探亲支出后，表 5.8 中第（3）、第（4）列的结果与第（1）、第（2）列具有一致性，因此进一步证实了社会网络在中国居民家庭金融行为对收入差距的正向调节效应。

表 5.8　社会网络视角下中国居民家庭金融行为影响收入差距的内生性处理

变量	（1）一阶段	（2）二阶段	变量	（3）一阶段	（4）二阶段
$lghave\_s$	-0.002 *** (0.0001)	-0.005 *** (0.0001)	$lgtave\_s$	-0.002 *** (0.00009)	-0.003 *** (0.00007)
$L2. Talr$	0.054 *** (0.0004)	—	$L2. Talr$	0.035 *** (0.0004)	—
a	—	0.052 *** (0.001)	a	—	—
a'	0.094 *** (0.0005)	—	a'	—	—
b	—	—	b	—	0.032 *** (0.0007)
b'	—	—	b'	0.108 *** (0.0004)	—

续表

变量	(1) 一阶段	(2) 二阶段	变量	(3) 一阶段	(4) 二阶段
Talr	—	0.243*** (0.007)	Talr	—	0.092*** (0.002)
Tedu	0.722*** (0.046)	1.220*** (0.013)	Tedu	0.319*** (0.041)	1.344*** (0.009)
Tmar	1.597** (0.793)	−3.164*** (0.222)	Tmar	0.997 (0.705)	−3.605*** (0.157)
Theal	14.638*** (0.414)	7.463*** (0.117)	Theal	12.371*** (0.368)	5.768*** (0.088)
Tage	−0.173 (0.140)	0.794*** (0.039)	Tage	−0.351*** (0.124)	0.692*** (0.027)
Cons	−0.072*** (0.001)	0.034*** (0.001)	Cons	−0.043*** (0.001)	0.019*** (0.0003)
F	1791.18*** (0.000)		F	1532.17*** (0.000)	

注：*、**、***分别表示在10%、5%、1%的显著性水平上拒绝原假设，括号内为稳健标准误。

在对社会网络视角下家庭金融行为影响收入差距进行内生性处理之后，进一步对其进行稳健性检验，前文中表5.5和表5.6均给出了稳健性检验结果。

首先，根据表5.5中第（2）列的估计结果，将核心解释变量替换为旅游探亲支出金额的回归结果仍显著为正，因此证明了社会网络能够扩大城乡家庭金融行为差异的稳健性。其次，根据表5.6中第（2）列的估计结果，将核心解释变量替换为旅游探亲支出金额后，交互项 b 的符号仍显著为正，因此证明了社会网络在中国居民家庭金融行为对收入差距的正向影响中具有正向调节效应的稳健性。最后，根据表5.7和表5.8中的估计结果，将核心解释变量替换为旅游探亲支出金额后，内生性处理的结果与替换前的估计结果大体一致，同样证明了社会网络会扩大城乡家庭金融行为差异，以及社会网络在中国居民家庭金融行为对收入差距正向调节效应的稳健性。

综上所述，基于社会网络视角下家庭金融行为对收入差距影响机理的分析与猜想，社会网络会扩大城乡家庭金融行为的差异，并且会扩大城乡家庭金融行为差异对收入差距的正向影响，因此可以理解为社会网络在家庭金融行为与收入差距之间具有正向调节效应。结合中国家庭金融调查2011—2017 年的非平衡面板数据，利用面板回归、两阶段最小二乘法等方法，通过构造"城乡家庭资产负债率的组间泰尔指数"，分别验证了社会网络对城乡家庭金融行为差异的正向影响，以及社会网络在家庭金融行为与收入差距之间的正向调节效应，即社会网络对城乡家庭金融行为差异的正向促进作用会放大其对收入差距的正向影响，分别验证了前文所提出的猜想 1 和猜想 2。

第6章 社会网络视角下改善中国居民家庭金融行为缓解收入差距的政策建议

本章以社会网络视角下中国居民家庭金融行为影响收入差距的现状分析以及实证研究结果为基础，尝试提出相关政策建议。

6.1 发挥社会网络在改善中国居民家庭金融行为中的积极作用

结合社会网络影响家庭金融行为的实证分析结果，一方面，社会网络能够通过信息共享从而降低家庭对于风险的厌恶程度，进而提高其对于股票市场的参与；另一方面，社会网络能够通过提供"隐性担保"从而促进家庭对于民间借贷的参与行为。可以看出，社会网络对家庭金融行为存在正向影响，进一步结合我国家庭对于股票市场参与程度较低，以及农村家庭更倾向于借助民间借贷等非正规负债渠道满足其负债需求的现状，因此需充分发挥社会网络的上述积极作用。

6.1.1 加强和谐社区建设，建立社区金融服务平台

社会网络的存在能够降低家庭获取信息的成本，拓宽家庭获取信息的渠道，因此作为非正式制度重要的组织形式，社会网络在一定程度上能够弥补正式制度的缺陷，对正式制度具有重要的补充作用；此外，社会网络可以适当缓解正规金融机构在信息甄别层面所产生的道德风险和逆向选择等问题，在一定程度上缓解了家庭的流动性约束。因此，政策当局一方面需要推动社会主义和谐社区的建设，大力弘扬社会主义核心价值观，充分发挥社会网络共享信息的功能，帮助家庭在维护社会网络的基础上，进一步拓宽其网络规模，丰富其网络异质性，建立层次更高、范围更广的家庭社会网络。另一方面，可以在社区内建立金融服务平台。首先，金融服务

平台定期公布的前沿、热门的金融资讯能够帮助家庭获取投资和融资信息，提高家庭对于金融市场的参与程度，在满足其投融资需求的基础上优化家庭资产配置，提升家庭财富管理能力。其次，金融服务平台可以不定期提供金融基础知识讲堂，向家庭普及金融基础知识，提升家庭成员的金融素养，进一步提高家庭对于金融市场和金融产品的认知水平，促进其对于金融市场的参与。最后，金融服务平台可以依托其所掌握的家庭信息，以社区管理委员会为担保，为家庭提供金融互助的机会，在一定程度上满足借贷双方在短期内的小额借贷需求，帮助家庭缓解短期内的流动性约束，增进整个社区内家庭的福利水平。

6.1.2　借助家庭网络渠道，推动金融产品服务创新

社会网络为信息传递提供了重要渠道，对金融机构而言也是一项重要的信息资源。因此金融机构可以有效利用这一资源，依托家庭社会网络渠道对其金融产品服务进行创新，具体可以创新金融产品营销模式以及开发具有网络特色的金融产品。

1. 创新金融产品营销模式

随着通信技术和智能手机的飞速发展，移动互联网逐渐成为人们交流和互动的主要平台，而微信、微博也变成移动互联网时代的主要网络通信工具，连支付宝也具有一定的通信功能。微信、微博的进一步普及不仅便利了人们的沟通和交流方式，还具有较强的信息共享功能。一方面，人们可以在微信朋友圈实时发布和转发微信好友的图文信息和链接，加上微信在图文朋友圈的基础上进一步开发了视频朋友圈，加强了微信的信息共享功能；另一方面，与微信相比，微博的社交功能虽不及微信，但信息共享功能更加强大，微博不仅能够转发好友的图文和视频信息，还能关注如明星、专家等其他微博用户的相关动态，并且微博的内容还能在微信朋友圈内转发。与此同时，移动互联网的高速发展也引起了国家的高度重视，在2015 年的《政府工作报告》中，李克强总理提出了"互联网+"的总体规划，其中便包含了"互联网+金融"，将"互联网+"引入金融行业，在金融领域内大规模使用互联网技术。"互联网+"的兴起颠覆了众多传统行业的发展模式，而金融行业也能搭乘这辆高速列车实现进一步的创新发展。

移动互联网的高速发展突破了线下社会网络的局限，人们借助这一平台进一步搭建起线上的社会网络，使信息共享的效率进一步提高，金融机构也能利用其进行营销模式的创新。首先，金融机构可以指派其营销人员

建立包含其服务的客户微信群，不定期在群内发布该金融机构的特色金融产品，这样不仅可以节省客户经理逐个登门和电话营销的成本，还能利用群内不同成员各自的微信网络向其好友推荐，在扩大了信息传递范围的同时还提高了营销效率。其次，金融机构的客户经理对于那些购买金额较大、频率较为频繁的客户予以重点关注，通过微信好友的功能对其实施跟踪，可以为该类客户提供现金或实物奖励，让该客户帮助客户经理将金融产品的相关信息在其朋友圈内进行转发，该类客户的朋友圈内出现与其资金状况相近客户的概率较大，借助微信进行转发能够吸引更多同质用户关注其金融产品，达到"二次营销"的目的，大大提高了营销效率。再次，金融机构的客户经理还可以在微信群、朋友圈内发布一些金融基础知识，利用移动互联网平台向居民普及金融基础知识，通过了解和学习金融知识可以提高人们的金融素养以及对金融产品的认知，购买金融产品的概率和规模也会随之提高。最后，金融机构可以指定专门的技术人员在微博设立公众平台，由于微博的影响力更加广泛，不仅包含微信好友，拥有微博账号的居民都可以看到，其金融产品信息的传递范围更加广泛，资金实力较为雄厚的金融机构还能够邀请明星、专家等关注度较高的微博用户，借助其较大的影响力进行宣传，在提高金融机构知名度的同时还能发挥其示范效应，进一步达到提高营销效率的目的。此外，一些以司机为主要职业的居民可能在工作时无暇关注微信和微博，但鉴于大部分车内都配备收音机，因此金融机构还能够借助广播平台进行宣传，进一步扩大受众群体的同时拓宽营销渠道。

2. 开发具有网络特色的金融产品

一方面，结合前文关于社会网络对家庭民间借贷行为影响的讨论，发现社会网络能够通过为借贷双方提供隐性担保从而促进家庭对于民间借贷的参与和规模，因此包括银行在内的正规金融机构可以考虑依托社会网络的担保机制对其信贷品和业务予以创新。例如，类似于孟加拉国格莱珉银行所提供的具有连带责任性质的组合贷款产品，多个具有"连坐形式"的借款人参与同一贷款项目，违约成员所造成的损失由其他成员共同承担，这就要求借款人在选择成员时要以他们之间的网络关系为依据，即利用借款人之间的社会网络关系进行担保。另一方面，结合前文关于城乡家庭民间借贷参与行为的差异以及社会网络对城乡家庭民间借贷参与行为影响的差异，发现农村家庭比城市家庭更倾向于借助民间借贷等非正规负债渠道满足其负债需求，并且社会网络对农村家庭民间借入行为的影响大于城市家庭，因此需要进一步加强对农村家庭民间借贷行为的关注。结合前文关于强弱关系理论中"强关系传递有效影响"的结论，挖掘和创新适合农村家庭参与民间借贷的形式，重点培育口碑好、信用度高的借款人和中介人，鼓励其成为民间借贷行为中的"顺滑剂"，在提高民间借贷顺利完成的同时降低违约事件出现的可能性，使其带动强关系网络结构下资金互助的发展。

6.2 改善中国居民家庭金融行为，缓解收入差距

前文以社会网络正向影响家庭金融行为为基础提出了相应的政策建议，进一步从家庭金融行为影响收入差距直接效应的角度出发，提出相关政策建议。结合家庭金融行为影响收入差距直接效应的实证分析结果，城乡家庭金融行为的差异是收入差距的影响因素，而上述差异具体表现为农村家庭的资产负债率高于城市家庭，并且前文中关于我国家庭资产负债的现状同样如此。因此，本书尝试从改善城乡家庭金融行为差异，即缓和城乡家庭资产负债率之差的角度出发，提出相关政策建议。

6.2.1 提高居民家庭金融资产管理能力，增加家庭财产性收入

结合中国居民家庭金融资产行为事实的描述，我国家庭金融资产配置中无风险资产占比较高，风险资产占比较低，其中我国家庭无风险资产以各类银行存款为主；风险资产配置中股票的占比较高，相比之下风险较小、收益稳定的债券占比较低。我国家庭相对单一、缺乏多样性的金融资产配置不仅不利于家庭财富的保值增值，同样也会降低家庭抵御系统性风险的能力。

因此，对于家庭而言，要促使家庭实现多样化的金融资产配置，需多方位提高其财富管理能力。首先，家庭在购买金融产品之前应明确自身的投资需求。家庭在选择金融产品时主要关注产品相关的收益和风险，但对自身的投资需求却缺乏清晰的认识，没有明确自身的投资需求，在面对种类多样的金融产品时往往无从下手。因此家庭只有在选择金融产品之前明确自身的投资需求，才能在投资时对症下药，有的放矢。其次，家庭应提高对金融产品的了解程度。一方面，家庭应在平时自发地了解和学习相关金融知识，在明确金融产品的收益、风险和期限等基本概念之后，积极参

与投资理财，结合家庭当前的投资需求以及对未来的收益和风险的预期，寻求适合家庭自身的金融产品。另一方面，家庭可以通过参加银行等金融机构不定期开展的投资理财讲座，或者利用微信公众号和微博等网络途径，多渠道了解和学习金融知识，提升对各项金融产品的了解程度；银行等相关金融机构也需要不定期地组织开展一些具有针对性的金融知识讲座，针对不同年龄、不同职业、不同学历的投资者开设不同的课程。最后，家庭应树立正确的收益和风险观念。伴随金融市场逐渐破除了刚性兑付，家庭应逐渐培养起风险自担的意识，充分意识到金融产品的高收益必然伴随高风险，不能对银行等金融机构形成过度依赖，避免家庭对金融机构提出为其投资和理财兜底的不合理要求。

此外，金融机构应进行产品服务的创新，为我国家庭拓宽投资渠道。我国金融体制改革的不断深化推动了金融创新的进程，然而我国金融机构仍存在产品结构单一的现象，这无疑制约了我国居民多样化配置资产以分散风险的需求。因此，我国金融机构应进一步加大金融创新力度，增加其金融产品种类，满足不同类别家庭多样化的投资和融资需求。目前，我国居民对于金融机构理财产品和保险产品市场的参与程度在不断提升，但对于债券和基金市场的参与程度仍然较低。对于债券市场而言，我国家庭对于债券市场的参与程度仍然较低，持有债券的种类也较为单一，以购买国债和金融债券为主，持有公司债券的比例较低，因此我国的债券市场结构仍需进一步优化，丰富我国债券市场的层次，在严格把控风险的前提下适度降低企业债券的准入门槛，以提高家庭对于债券市场的参与程度。对于基金市场而言，可以加大机构投资者的发展力度。相较于个人投资者，以基金为代表的机构投资者具有更加庞大的资金体量、更加专业的管理团队，能够更大限度地分散分险、提高收益，因此培育更多合格的机构投资者能够吸引更多的居民配置基金，提高其对于基金市场的参与程度。

6.2.2 加强农村金融发展力度，提高农村家庭投资收益

1. 完善农村信用体系，丰富农村金融产品类型

结合城乡家庭资产行为的事实描述，城乡家庭存在差异，具体体现为：一方面，股票在城市家庭风险金融资产中的占比高于农村家庭，但借出款的占比小于农村家庭，鉴于前文所述关于农村家庭更依赖通过民间借贷满足其负债需求，在一定程度上说明了农村家庭对于真正意义的金融市场参与程度较低；另一方面，农村家庭关于教育和医疗负债的参与率与平均参

与金额高于城市家庭,体现了农村有关医疗和教育设施还存在进一步完善的空间,并且城市家庭消费贷款的参与率高于农村家庭,说明信用卡在城市家庭的普及率高于农村家庭。

城乡家庭在资产和负债行为方面的差异说明了我国农村金融的普及率仍存在进一步提升的空间。因此对于监管当局而言,一方面,应在现有基础之上进一步完善农村信用体系,在日常生活中加大对农村地区信用文化的宣传力度,提高农村家庭的信用意识,提高其对信用的认知;另一方面,适当参考国外完善信用体系的成功案例,结合我国农村地区的实际情况,在一些地区可以尝试建立信用体系试点,逐步搭建起覆盖农村地区的实名制信用网络,并利用互联网平台实现线上信用查询系统,在降低监管成本的同时可以有效地减少金融机构的信用风险。完善农村信用体系不仅可以鼓励和引导农村家庭通过银行等正规金融机构进行借贷,减少其对民间借贷的依赖,而且对农村地区的商业活动也具有正向影响。

对于金融机构而言,一方面,应定期组织从业人员就针对农村地区出台的相关政策进行学习,并鼓励从业人员下基层进行实地考察,了解农村家庭在借贷过程中存在的问题与疑惑,并针对性地提出解决方案。另一方面,金融机构还应要求基层从业人员进一步完善与农村家庭的沟通交流方式,增进农村家庭与金融机构的感情,提高农村家庭对于金融机构的信任度,让二者间的来往更加密切。此外,银行等金融机构可以推出适合农村家庭的金融产品,丰富金融产品的种类以满足农村家庭多样化的投资理财需求,在适度提升农村家庭金融资产规模的同时,增加其投资理财收益。

除此之外,还需进一步完善我国农村地区的医疗和教育设施建设。针对我国农村家庭在教育和医疗借贷方面的迫切需求,监管当局需要加强对农村教育和医疗设施方面的扶持力度,向农村家庭提供有针对性的医疗和教育补贴,缓解农村家庭上学贵、看病贵的压力;鼓励金融机构结合农村地区的实际情况,推出多样化的医疗和教育贷款,针对不同学龄、不同患病类型的农户给予适当的利率优惠;通过向当地特色农产品种植提供补贴、鼓励农村家庭发展特色产业等方式,变相提高农村家庭的收入水平与资产规模。

2. 降低农户理财门槛,为投资提供便利

鉴于城乡家庭金融行为的差异体现为农村家庭的资产负债率高于城市家庭,因此降低二者间差异可以考虑从提高农村家庭资产水平的角度出发,进一步降低农村家庭资产负债率。我国金融行业仍呈现二元结构的特征,因此在政府层面,应关注金融业发展在城乡地区不平衡的问题,进一步加大农村地区金融业的发展力度。具体而言，可以进一步降低农村地区金融市场的准入门槛，提高金融业在农村地区的普惠程度，促使更多的农村家庭参与金融市场。中国银行保险监督管理委员会于 2018 年颁布了《商业银行理财业务监督管理办法》，该办法将单只公募理财产品的起购金额由 5 万元降低至 1 万元，这一"理财新规"实施后有效降低了金融市场的准入门槛，提高了农村家庭和城镇低收入家庭进入金融市场进行投资的积极性。农村家庭此前参与金融市场的主要方式为持有银行的定期和活期存款，理财产品起购金额的降低促使更多的农村家庭通过商业银行购买理财产品，而相较于银行存款而言，理财产品的收益率更高，因此农村家庭能够通过购买银行理财产品获得更多的投资收益，缩小其与城镇家庭资产和收入水平的差距。此举打破了农村家庭资金约束的制约，让更多农村家庭分享普惠金融的成果。与此同时，鉴于农村家庭对于风险的认知程度较低且风险承受能力较差，"理财新规"在现有监管要求的基础上对理财产品和投资者的风险承受能力予以评估，以风险适当性原则为基础，规定投资者须以购买与其风险承受能力相匹配甚至在风险承受能力以下的理财产品，在保证收益率的同时对潜在的风险予以防范。此外，农村地区的金融机构应着重开发更符合农村家庭特点的金融产品与金融模式。普惠金融不仅要降低农村家庭通过金融机构获取信贷支持的门槛，还需进一步降低农村家庭提供通过金融机构获取投资收益的门槛。因此，对于农村地区的金融机构而言，应着重开发符合农村家庭特点的金融产品，改善农村地区金融机构缺位、农村家庭投资渠道狭窄、投资工具有限等现状，对于服务较为薄弱的领域予以重点关注，为农村家庭通过金融机构进行投资提供便利，打通农村地区金融服务的"任督二脉"。

3. 改变自身传统观念，积极参与金融市场

对于农村家庭而言，应改变传统观念，积极参与金融市场进行投资。农村居民的投资观念较为保守，参与金融市场的主要形式为银行存款，很大程度上降低了农村家庭的投资收益。因此，农村居民应在平日里适当了解一些金融理财的基础知识，拓宽关于金融市场的知识覆盖面，逐渐接受不同类型的金融产品。农村家庭在对基础金融知识有一定程度的了解之后，自身对于风险和收益的认知水平与家庭财富管理能力会随之提高，能根据其家庭自身的风险承受能力与财务状况进行金融资产的配置，进而获得更为丰厚的投资收益。更高的投资收益能够帮助农村家庭提高其资产水平，缩小与城市家庭的差距。与此同时，为了促进农村家庭更加积极地参与金融市场，农村地区的金融机构应加大各项金融产品的宣传和推广力度，对农村家庭通过金融机构进行投资形成有效的引导，提高农村家庭参与金融市场的信心，拓宽农村家庭的投资渠道，使其资产配置更加多元化，从而提升农村家庭资产水平，缩小与城市家庭的差距，最终有效缓解收入差距的进一步扩大。

6.2.3　关注家庭部门债务指标，警惕家庭过度负债

适度的负债不仅可以通过平滑不同时期的消费而提高家庭的跨期总效用水平，还能通过发挥其杠杆作用加速家庭财富的增长，但过度的负债则会加重收入水平本就较低的家庭的还款负担，扩大其与高收入家庭间金融行为的差异，最终导致收入差距的进一步扩大。因此，政府部门应增加对家庭部门的关注力度，定期组织高校或科研院所对家庭资产负债状况进行调查并予以分析，将分析的结果以研究报告的形式向社会公众披露，以发挥其示范效应。

此外，政府部门应进一步对农村家庭的各项负债指标予以重点关注。一方面，可以借助农村地区金融机构定期对所在地附近的家庭进行调查，了解各个家庭杠杆率、资产负债率等相关指标的实际情况，对指标超过阈值或在阈值①附近的家庭予以警示；另一方面，农村地区的金融机构应定期组织金融风险讲座，旨在告知其应结合家庭收入水平理性消费，提高风险认知，避免家庭过度负债。可以根据银行的调查结果，对负债程度较深的家庭给予适当的消费补贴，以防为了缓解财务困难和支付日常开支而进行负债，从而产生恶性循环，扩大与城市家庭资产负债率的差异，最终导致收入差距的进一步恶化。

6.3　优化社会网络环境，助推居民改善家庭金融行为以缓解收入差距

前文基于社会网络对家庭金融行为产生的正向影响，以及从家庭金融行为影响收入差距直接效应的角度出发提出了相应的政策建议，最后基于社会网络视角下中国居民家庭金融行为影响收入差距调节效应的角度出发

---

① 根据既有文献，家庭负债收入比高于30%、资产负债比和房产价值比高于50%被认为存在过度负债的可能性。

提出相关政策建议。基于前文中关于社会网络视角下中国居民家庭金融行为影响收入差距调节效应的实证分析结果，社会网络会扩大城乡居民家庭金融行为间的差异并最终导致收入差距加剧。因此，本书尝试从优化社会网络环境的视角出发提出相关政策建议，以达到进一步改善家庭金融行为，最终缓解收入差距的目的。

6.3.1 提高社会网络强度，增加社会网络异质性

前文关于我国社会网络的总体特征及其城乡家庭间差异的比较分析结果，我国家庭每年平均每项用于社会交往的资金占总收入的比重大约为4%，每项用于社会交往的资金约为2000元。社会交往与互动在农村家庭之间更为普遍，并且农村家庭比城市家庭更加注重和依赖由此而建立的社会网络关系。结合我国特有的"人情社会"特点，以亲友关系为主体的家庭社会网络为我国家庭提供了主要的社会关系，且在我国优秀传统文化中和谐相处、团结互助的引导下，家庭所拥有社会网络显得尤为重要。

因此，我国家庭应对其所拥有的社会网络予以重视，家庭可以适当增加日常生活中的人情往来活动，提高其社会网络的强度与紧密度。结合我国的传统，人情往来是维系社会关系的主要方式，不仅在社会保障与支持方面起着重要作用，还能反映在社会网络中所处的位置与多样性。因此，家庭可以结合自身实际情况，增加日常生活中的人情往来活动，在自身能够承受的范围内适当增加人情往来支出，培养网络信任关系，使其所拥有的社会网络关系更加紧密。政策当局可以发放一定额度的餐饮、文娱、旅游等活动的消费券，鼓励居民在日常生活中适当增加社会交往，进一步提高其社会网络的强度与紧密度。

鉴于社会交往与互动在农村家庭之间更为普遍，并且农村家庭比城市家庭更加注重和依赖由此而建立的社会网络关系。究其原因，可能在于农村家庭日常活动的区域相对较小，因此更容易出现接触频繁的情况。较为频繁的社会互动会导致朋友圈出现重叠，不同家庭群体之间的相似度也较高，自身的价值观以及对不同事物的认知差异较小，处于网络中的家庭所获得信息同样具有重复性。结合强弱关系理论，农村家庭的社会网络呈现出强关系的特征，而"强关系传递有效影响，弱关系传递有效信息"，农村家庭所传递有效信息的能力相对较弱。因此，农村家庭应进一步培养跨地域的社会网络，提升其社会网络的异质性，以降低其对于强关系网络的依赖。此外，村委会可以通过广播、展板等渠道，以更加通俗、贴近生活的

方式向农村居民宣传和讲解信息传递的重要性，鼓励村民在日常生活中增加与邻村、城镇等地区的交往与互动，以促进其对跨地域社会网络的培养，进一步提高农村居民社会网络的异质性。随着网络异质性的提高，网络中不同人群的重叠度较低，社交圈相连接之后，从圈外向圈内传递的有效信息量就会提升。

6.3.2　避免无效攀比，倡导理性消费

结合社会网络影响家庭负债行为的分析，社会网络能够通过促使家庭之间的攀比效应而增加对地位性商品的购买，并进一步提升其家庭负债水平，且农村家庭更容易通过攀比效应而使其负债水平提高，故不排除社会网络扩大城乡家庭金融行为差异的原因在于农村家庭与城市家庭之间的攀比效应。进一步结合地位寻求理论予以分析，地位寻求会使消费者将自身的资源由非地位性商品转移至地位性商品，那么必然会将未来的消费转移至现在，最终造成的结果就是地位性商品的过度积累导致负债水平的提高，面临低效率的高负债率。因此对于农村家庭而言，应将目光放长远一些，关注自身的家庭财务状况，通过自身努力提升消费能力与生活质量，尽量避免无效的地位寻求与攀比行为。

结合我国家庭资产配置事实的描述，房产在我国家庭资产中的占比过高。房产占比过高不仅会对家庭金融资产的配置造成挤压，房地产市场的任何波动都可能对我国家庭财富产生剧烈影响，甚至导致家庭财富的缩水。此外，过高的房产占比直接催生了高额的房屋贷款，而家庭面临的高额房贷以及房屋难以变现等压力均会导致家庭面临潜在的流动性风险，进而会对家庭成员的各项经济活动和生活质量造成负面影响。因此，对于我国家庭而言，在购房时需保持理智。家庭在面对刚性的住房需求时，应充分考虑家庭目前处于生命周期的哪个阶段，并结合家庭当前的经济状况以及对未来收入的合理预期，作出理性的购房决策。此外，要深知房子是用来住的，不是用来炒的，切不可有投机心理，要明确投资房地产市场会面临较大的风险，一旦房价下跌，将会导致家庭财富出现严重的缩水。

对于我国监管当局而言，应对房地产市场实行稳调控，尽可能避免房地产价格出现大幅的上升或下降。房地产价格的大幅上升会加大家庭的购房和还款压力，并催生房地产市场当中的投机炒房行为，与当今"房住不炒"的政策环境相背离；而房地产价格的大幅下降则会造成家庭财富的缩水，降低家庭成员的生活质量，甚至会引起社会恐慌。

6.3.3 推动诚信文化与法制建设，合力保障家庭参与民间借贷

结合我国家庭负债行为的事实描述，我国家庭通过民间借贷等非正规金融渠道获得的债务占比超过 20%，故不能否认和忽视民间借贷对满足我国家庭负债需求方面所作的贡献及其所起到的对正规金融渠道的重要补充作用。因此，政府部门首先应承认和肯定民间借贷存在的客观性和必要性，正确鼓励和引导家庭参与民间借贷，使之成为正规金融渠道的重要补充。相较于金融机构等正规负债渠道，民间借贷不仅能够在一定程度上满足那些无法通过金融机构获得信贷支持的家庭的借款需求；对于创业家庭而言，民间借贷还是其初期发展的重要资金来源，因此需承认和肯定民间借贷存在的客观性和必要性，并对不同形式的民间借贷予以区别对待。而家庭在参与民间借贷过程中所产生的信用风险不容小觑，因此需要从道德和法律两个层面着力为家庭参与民间借贷提供保障。

在道德层面，需要加强诚信文化体制建设。中国传统文化中的人情世故是搭建社会网络的基础，而民间借贷能否顺利进行的关键在于借贷双方是否能够遵守信用，因此诚信度是民间借贷的重要载体和运行基础。诚实守信的借款人不仅能够凭借其较高的诚信度获得贷款人的信贷支持，也可以降低违约风险并保证民间借贷契约的顺利执行。鉴于诚信文化举足轻重的作用，因此加强社会诚信文化体制建设有助于家庭搭建更为牢固的社会网络，具体可以在社区内标示关于诚信文化的宣传标语、编辑简短的诚信案例与名人事迹，达到将诚信文化根植于每个家庭成员内心的目的。这样不仅有利于信用风险的防控，还能从道德层面规范家庭对于民间借贷行为的参与，充分发挥民间借贷对正规金融渠道的补充。

在法律层面，需要完善民间借贷的相关法律法规体系。依靠社会网络这种道德层面的合约机制对人们进行约束仅能在特定的地域范围和人际关系网络中起作用，超过一定范围之后，随着道德风险以及信息不对称程度的提高，隐含的信用风险极容易暴露，道德层面的约束便难以发挥作用，因此需要进一步依托法律层面予以强制性约束。谈及民间借贷便绕不开因违约而产生的信用风险，虽然社会网络所提供的隐性担保能在一定程度上缓解信用风险的出现，但因违约而产生的一系列打击报复等恶性事件对家庭的幸福生活和社会的有序稳定均会产生负面影响。因此，在引导家庭参与民间借贷的同时，还不能忽略信用风险的管理，需要从国家和地方两个

层面加强对民间借贷的监管，国家监管部门把握监督和引导的大方向，地方监管部门则对加强民间借贷组织监管等政策实施予以落实，坚决打击那些高利贷、非法集资等法律明令禁止的民间金融形式，并在必要时予以取缔，竭力避免其可能引发的区域性金融风险。

参考文献

［1］蔡昉．中国人口与劳动问题报告［J］．中国人力资源开发，2012（8）：26．

［2］陈霄，鲍家伟．农村宅基地抵押问题调查研究［J］．经济纵横，2010（8）：88-91．

［3］陈新娟，袁持平．房价波动、收入差距与消费异质性关联性分析［J］．商业经济研究，2020（13）：49-51．

［4］崔泽园，杨有振，胡中立．城乡居民家庭金融行为对收入差距的影响机制研究——基于CHFS的估计［J］．经济问题，2021（7）：62-69．

［5］董静，赵策，苏小娜．宗族网络与企业创新——农村创业者先前经验的协同与平衡［J］．财经研究，2019，45（11）：140-152．

［6］董占奎，任传普．社会互动对股票投资行为的影响：一个文献综述［J］．金融评论，2019，11（6）：109-119，124．

［7］杜朝运，桂凯鸿．社会网络影响农户正规信贷吗？［J］．北方金融，2020（7）：65-69．

［8］范莉珈，谢绵陛．家庭资产负债率与家庭收入关系［J］．集美大学学报（哲学社会科学版），2016（3）：52-59．

［9］费孝通．乡土中国：生育制度［M］．北京：北京大学出版社，1998．

［10］郭士祺，梁平汉．社会互动、信息渠道与家庭股市参与——基于2011年中国家庭金融调查的实证研究［J］．经济研究，2014（1）：116-131．

［11］郭新华，刘辉，伍再华．收入不平等与家庭借贷行为——家庭为追求社会地位而借贷的动机真的存在吗？［J］．经济理论与经济管理，2016，36（5）：84-99．

［12］郭云南，姚洋．宗族网络与农村劳动力流动［J］．管理世界，2013（3）：75-87，193-194．

［13］郭云南，张晋华，黄夏岚．社会网络的概念、测度及其影响：一个文献综述［J］．浙江社会科学，2015（2）：122-132．